dtv

Victoria, geboren 1819, wurde 1838 Königin von England und blieb es bis zu ihrem Tode 1901. Die normal intelligente, temperamentvolle, neugierige und sehr standesbewusste junge Frau heiratete 1840 den Prinzen Albert von Sachsen-Coburg-Gotha. Sie war seine liebende Gattin und die zärtliche Mutter seiner neun Kinder. Erst nach dem Tod dieses sympathischen, äußerst taktvollen, zukunft-orientierten Mannes wurde sie so, wie wir sie uns vorstellen, wenn wir vom «viktorianischen Zeitalter» sprechen: matronenhaft konservativ.

Dieses Taschenbuch bringt in englisch-deutschem Paralleldruck Szenen aus der Zeit der jungen Königin (1838 – 1849): die berühmte vergnügliche Geschichte ihrer Gattenwahl und eine Reihe ebenso vergnüglicher Geschichten vom Zusammenraufen zweier Liebender.

Den Anteil an höfischem Klatsch und Tratsch – klar: auf die feine englische Art – werden die meisten Leser zu schätzen wissen. Dass das eheliche Bettgeschehen als (zumindest aus der Literatur) bekannt vorausgesetzt und darum nicht dargestellt wird, ist vielen wahrscheinlich eher angenehm. Interessant sind die Passagen aus dem Vorwort des Autors, die bei uns im Anhang stehen. Sie sind zugleich kritisch und respektvoll.

Laurence Housman

Young Queen Victoria. Ten dialogues
Die junge Königin Victoria. Zehn Dialoge

Ausgewählt und übersetzt von Anna Barbara Herrmann

Deutscher Taschenbuch Verlag

dtv zweisprachig · Edition Langewiesche-Brandt
herausgegeben von Kristof Wachinger

Neuübersetzung. 1. Auflage Juni 2003
Deutscher Taschenbuch Verlag GmbH & Co. KG, München
www.dtv.de
© der Übersetzung Deutscher Taschenbuch Verlag
s.a. bibliografische Notiz Seite 192
Umschlagkonzept: Balk & Brumshagen
Umschlagbild: The Royal Family at Osborne House, 1850,
Aquarell der Königin Victoria
Satz: w design, Coesfeld
Druck und Bindung: Kösel, Kempten
Gedruckt auf säurefreiem, chlorfrei gebleichtem Papier
ISBN 3-423-09426-5 · Printed in Germany

Suitable Suitors 1838

THE QUEEN *is still in mourning, but she does not mourn. Animated and happy, she sits listening to what, in earlier youth, she was never allowed to hear – the conversation of a gentleman of breeding, worldly, witty, and to a certain extent wise. This she thoroughly enjoys. And* LORD MELBOURNE, *her Prime Minister, enjoys talking to her. She is not clever; she cannot say clever things; but the mingled strain of artlessness and self possession, of dignity and simplicity, which he finds in his Royal Mistress's character – a character which he is artfully moulding, not so much to his own ends as his own convenience – attracts and delights him. They are now on such intimate terms that* THE QUEEN, *when he comes for an audience, does not keep him long standing. They are seated now; and as an indication of their pleasant relations,* THE QUEEN *is going on with her woolwork.*

VICTORIA How do you begin the day, Lord Melbourne?

MELBOURNE Begin it, Ma'am?

VICTORIA Yes. What do you do first – you, who have so many things to do in the day? I find it difficult to know myself where to begin.

MELBOURNE Well, starting at the very beginning, Ma'am, I breakfast – if I may be allowed to say so – in bed.

VICTORIA Oh! I should never have thought of that!

MELBOURNE Try it, Ma'am, try it! It makes an invaluable break between sleeping and waking. Sleeping is one thing: it takes time. Waking is another: it takes more time. Working is another: and takes more time than all the others put together.

Passende Heiratskandidaten

DIE QUEEN *trägt noch Trauer, aber sie trauert nicht. Lebhaft und fröhlich sitzt sie und ist ganz Ohr für etwas, das sie in früherer Jugend nie hatte hören dürfen – die Unterhaltung eines Herrn guter Herkunft, weltmännisch, geistreich und gewissermaßen weise. Sie genießt das sehr. Und* LORD MELBOURNE, *ihrem Prime Minister, macht es Freude, mit ihr zu reden. Sie ist nicht gewandt, sie kann keine gescheiten Sachen sagen; aber die Mischung von Natürlichkeit und Selbstbeherrschung, von Würde und Einfachheit, die er im Wesen seiner königlichen Herrin sieht – einem Wesen, das er geschickt gestaltet, weniger aus Zweckmäßigkeit, als zu seiner Behaglichkeit – zieht ihn an und entzückt ihn. Sie sind schon so vertraut miteinander, dass ihn* DIE QUEEN, *wenn er zur Audienz kommt, nicht lange stehen lässt. Jetzt haben sie Platz genommen – und zum Zeichen ihrer angenehmen Beziehung macht* DIE QUEEN *mit ihrer Handarbeit weiter.*

VICTORIA Wie beginnen Sie den Tag, Lord Melbourne?

MELBOURNE Ihn beginnen, Ma'am?

VICTORIA Ja. Was tun Sie zuerst, Sie, der jeden Tag so vielerlei tun muss? Ich selber finde es schwierig zu wissen, wo ich anfangen soll.

MELBOURNE Nun, um ganz am Anfang zu beginnen, Ma'am, ich frühstücke, wenn ich das so sagen darf, im Bett.

VICTORIA Oh! darauf wäre ich nie gekommen!

MELBOURNE Versuchen Sie's, Ma'am, versuchen Sie's! Es ist eine unschätzbare Atempause zwischen Schlafen und Wachen. Schlafen ist das eine: es braucht Zeit. Wachen ist das andere: Es braucht mehr Zeit. Arbeiten ist nochmal anders: Es braucht mehr Zeit als beides zusammen.

VICTORIA And after breakfast, what then?

MELBOURNE Well, let me think! ... First, I rise, Ma'am. Over that I need not go into details.

VICTORIA No?

MELBOURNE Or – would you like me to, Ma'am?

VICTORIA *(a little disappointed)* No, oh no. You rise?

MELBOURNE I rise from my bed. Then I ride in the Park; when I come home I write. So I begin with the three R's.

VICTORIA But "write" begins with a W.

MELBOURNE I am corrected, Ma'am. "Write" *does* begin with a W. Your Majesty is right, as usual.

VICTORIA *(laughing)* Oh! you are funny, Lord Melbourne.

MELBOURNE Funny?

VICTORIA So witty, I mean. You always say something amusing. Yes; please go on!

MELBOURNE That, Ma'am, is all the beginning of my day. When that is done, the day is half over.

VICTORIA And when do you say your prayers, Lord Melbourne?

MELBOURNE My prayers? Oh, I say them whenever I have time for them.

VICTORIA *(a little shocked)* But – Lord Melbourne!

MELBOURNE As often, and as long as possible.

VICTORIA That seems to me a little irregular.

MELBOURNE Did your Majesty never hear the story of the holy monk who had a Vision vouchsafed to him: a Vision of – well, of a very high character? And just as the Vision appeared, the chapel-bell began ringing. Duty – discipline – required the monk to leave the seraphic Vision and go into chapel with the rest: a function which, in these circumstances, was so like praying to the

VICTORIA Und nach dem Frühstück, was dann?

MELBOURNE Nun, lassen Sie mich nachdenken! ... Zuerst stehe ich auf, Ma'am. Darüber brauche ich nicht ins Einzelne zu gehen.

VICTORIA Nicht?

MELBOURNE Oder sollte ich das, Ma'am?

VICTORIA *(ein wenig enttäuscht)* Nein, oh nein. Sie stehen auf?

MELBOURNE Ich verlasse das Bett. Dann reite ich im Park. Wenn ich heimkomme, schreibe ich. So beginne ich mit den drei R's [rise, ride, write.]

VICTORIA Aber «write» fängt mit «W» an.

MELBOURNE Ich bin blamiert, Ma'am. «Write» *beginnt* mit «W». Eure Majestät hat recht, wie gewöhnlich.

VICTORIA *(lachend)* Oh, Sie sind lustig, Lord Melbourne.

MELBOURNE Lustig?

VICTORIA So geistreich, meine ich. Sie sagen immer etwas Erheiterndes. Ja; bitte fahren Sie fort.

MELBOURNE Das alles, Ma'am, ist der Anfang meines Tages. Wenn das getan ist, ist der Tag halb vorüber.

VICTORIA Und wann sprechen Sie Ihre Gebete, Lord Melbourne?

MELBOURNE Meine Gebete? Oh, ich spreche sie, wann immer ich Zeit dazu habe.

VICTORIA *(ein wenig entsetzt)* Aber – Lord Melbourne!

MELBOURNE So oft und so lange wie möglich.

VICTORIA Das scheint mir ein wenig unregelmäßig.

MELBOURNE Hat Eure Majestät nie die Geschichte von dem heiligen Mönch gehört, dem eine Erscheinung zuteil wurde, eine Erscheinung von – nun gut – von hohem Rang? Und gerade, als diese Erscheinung auftrat, begann die Kapellenglocke zu läuten. Die Pflicht – das Pflichtbewusstsein – verlangte, dass der Mönch das engelhafte Bild verließ und in die Kapelle ging mit den anderen, ein Tun, das unter diesen Umständen wie ein Gebet zu der

Vision behind its back, that it seemed almost foolish. It was a hard thing to do; but the monk did it. In great anguish of spirit, he left the Vision to itself, and went and did his duty. The service seemed intolerably long; he was dying to get back to his Vision. At last he was able to do so. The Vision was still there; and as he fell down before it in renewed adoration, the Vision made this remark: "If you had not answered that bell, I should not have stayed" – or words to that effect. Ma'am, my position as Prime Minister is very similar to that of the pious monk. I am constantly having to leave the vision to answer the *bell*.

VICTORIA I thought, Lord Melbourne, that visions were rather superstitious things.

MELBOURNE They are, Ma'am. In these days they are! Do your best to avoid them. They savour too much of Roman Catholicism. And so, Ma'am, with your Majesty's permission, let me, for the moment, leave visions and come down to facts, and the affairs of State. There are certain things which will have soon to be decided, and one or two in which delay – delay of preparation at all events – is inadvisable.

VICTORIA Oh yes; there are many, I'm sure.

MELBOURNE There is one especially, which your Majesty graciously deigned to mention the other day. You then said, Ma'am – with a courage which I thought remarkable in one so young – "Some day we must marry" ... Has your Majesty given that matter any further thought?

VICTORIA Oh yes, Lord Melbourne, I have thought of it a great deal.

MELBOURNE Is your Majesty prepared yet to take me into your Majesty's gracious confidence?

Erscheinung hinter seinem Rücken war. Das kam dem Mönch beinahe albern vor. Es fiel ihm schwer, aber er tat es. In großer geistiger Pein überließ er die Erscheinung sich selbst und ging und tat seine Pflicht. Der Gottesdienst erschien ihm unerträglich lang, er wollte unbedingt zu seiner Erscheinung zurück. Endlich konnte er das. Die Erscheinung war noch da – und als er vor ihr niederfiel in erneuter Anbetung, machte sie diese Bemerkung: «Wenn du der Glocke nicht gefolgt wärest, wäre ich nicht geblieben» – oder Worte dieser Art. Ma'am, meine Stellung als Prime Minister ist der des frommen Mönches ähnlich. Ich muss ständig die Erscheinung verlassen und der Glocke folgen.

VICTORIA Ich dachte, Lord Melbourne, solche Erscheinungen seien etwas ziemlich Abergläubisches.

MELBOURNE Sind sie, Ma'am, heutzutage sind sie es! Tun Sie Ihr Bestes, sie zu vermeiden. Sie schmecken zu sehr nach Römischem Katholizismus. Aber nun, Ma'am, mit Eurer Majestät Erlaubnis lassen Sie mich für den Augenblick die Erscheinungen verlassen und hinabsteigen zu Tatsachen und den Angelegenheiten des Staates. Es gibt da bestimmte Dinge, die bald entschieden werden müssen, und eines oder zwei, in denen ein Aufschub – Aufschub der Vorbereitungen – jedenfalls unratsam ist.

VICTORIA Oh ja, es gibt sicher viele.

MELBOURNE Da ist besonders eines, das Eure Majestät neulich gnädigst zu erwähnen geruhten. Sie sagten damals, Ma'am, – mit einem Mut, den ich für jemanden, der so jung ist, bemerkenswert fand – «Eines Tages müssen Wir heiraten». Haben Eure Majestät dieser Sache weitere Gedanken gewidmet?

VICTORIA Oh ja, Lord Melbourne, ich habe sehr viel darüber nachgedacht.

MELBOURNE Ist Eure Majestät schon bereit, mich in Eurer Majestät gnädiges Vertrauen zu ziehen?

VICTORIA You mean?

MELBOURNE As to the possible recipient of so over-
whelming an honour.

VICTORIA Oh, I have not thought of any person –
in particular. I mean, I have made no decision.

MELBOURNE I am relieved to hear it, Ma'am. Then
your Majesty has still an open mind!

VICTORIA An open mind? Oh, *of course*, I shall
make my own choice, Lord Melbourne.

MELBOURNE Why, of course, Ma'am. I would not
suggest otherwise, for a moment.

VICTORIA But there are certain things as to which
I am quite resolved.

MELBOURNE As for instance?

VICTORIA My marriage, Lord Melbourne, must
be a marriage of affection.

MELBOURNE That, I am sure, Ma'am, can be arranged without difficulty.

VICTORIA Someone, I mean, whose character I can
respect: one whom I can love and look up to.

MELBOURNE Look up to?

VICTORIA Yes, Lord Melbourne, it may sound
strange to you; but I must have as my husband
one whom I can eventually look up to – when
I have trained him for the position he will
have to occupy.

MELBOURNE Oh, quite so, quite so. I trust that
such a person will be found. And as your Majesty has owned to an open mind on the subject,
I have here with me a list of – of possibles.

VICTORIA Oh, Lord Melbourne, how interesting!
... How many?

MELBOURNE Well, at present, Ma'am, only five.
But more are coming.

VICTORIA Coming?

VICTORIA Sie meinen?

MELBOURNE Mir den möglichen Empfänger einer so überwältigenden Ehre zu nennen.

VICTORIA Oh, ich habe nicht an eine Person im besonderen gedacht. Ich meine, ich habe noch keine Entscheidung getroffen.

MELBOURNE Ich bin erleichtert, das zu hören, Ma'am. Dann hat Eure Majestät noch einen offenen Sinn!

VICTORIA Einen offenen Sinn? Ja, natürlich, ich werde meine eigene Wahl treffen, Lord Melbourne.

MELBOURNE Nun, freilich, Ma'am. Für den Augenblick möchte ich nichts anderes vorschlagen.

VICTORIA Aber da sind bestimmte Punkte, zu denen ich ziemlich entschlossen bin.

MELBOURNE Welche zum Beispiel?

VICTORIA Meine Ehe, Lord Melbourne, muss eine Ehe aus Zuneigung sein.

MELBOURNE Das, da bin ich sicher, Ma'am, kann ohne Schwierigkeiten eingerichtet werden.

VICTORIA Jemand, so meine ich, dessen Persönlichkeit ich respektieren kann, jemand, den ich lieben und zu dem ich aufschauen kann.

MELBOURNE Aufschauen?

VICTORIA Ja, Lord Melbourne, es mag eigenartig klingen für Sie; aber ich muss jemanden zum Mann haben, zu dem ich am Ende aufschauen kann – wenn ich ihn eingeübt habe für die Stellung, die er einzunehmen hat.

MELBOURNE Oh ja, recht so, recht so. Ich hoffe ernstlich, dass so eine Person zu finden ist. Und da Eure Majestät einen offenen Sinn für diese Sache zugegeben hat, habe ich hier eine Liste dabei von – von Möglichen.

VICTORIA Oh Lord Melbourne, wie interessant! Wie viele?

MELBOURNE Nun, im Augenblick, Ma'am, nur fünf. Aber da kommen noch mehr.

VICTORIA Kommen?

MELBOURNE That is, I am making inquiries about them.

VICTORIA What kind of inquiries?

MELBOURNE All kinds of inquiries, Ma'am: my bounden duty. I would not wish to present your Majesty with one to whom there could be any possible objection.

VICTORIA And you have already found *five*! Lord Melbourne, how clever of you!

MELBOURNE "Possibles," I said. The inquiry is still going on; I am making it now. After inquiry of your Majesty, possibly there will be only one left.

VICTORIA I would like to see your list, Lord Melbourne.

MELBOURNE If your Majesty will pardon me a moment. When I have fully explained the considerations which guided me in my selections, I will submit my list for your Majesty's judgment, and (as I hope) approval.

VICTORIA I cannot approve all five!

MELBOURNE Just as a preliminary, Ma'am, why not? From five in the running select your favourite – the winner.

VICTORIA Perhaps I shall not choose one for a long time. But go on; I am quite interested and excited.

MELBOURNE The conditions, Ma'am, for a suitable consort to your Majesty's throne are necessarily special and particular – I might even say, peculiar. He must, of course, be of Royal blood; on the other hand, he must not be the direct or likely heir of any foreign king or reigning prince.

VICTORIA But Why not, Lord Melbourne?

MELBOURNE Das heißt, ich ziehe Erkundigungen über sie ein.

VICTORIA Welche Art Erkundigungen?

MELBOURNE Jede Art, Ma'am: meine Pflicht und Schuldigkeit. Ich würde nicht gern Eurer Majestät jemanden vorschlagen, gegen den es irgendwelche Einwände geben könnte.

VICTORIA Und Sie haben schon *fünf* gefunden! Lord Melbourne, wie klug von Ihnen.

MELBOURNE «Mögliche», sagte ich. Die Erkundigungen gehen noch weiter, ich bin gerade dabei. Nach der Prüfung durch Eure Majestät kann es sein, dass nur einer übrig bleibt.

VICTORIA Ich würde gern Ihre Liste sehen, Lord Melbourne.

MELBOURNE Wenn Eure Majestät einen Augenblick entschuldigen möchte. Wenn ich ganz erklärt habe, welche Überlegungen mich in meiner Auswahl geleitet haben, will ich die Liste vorlegen zu Eurer Majestät Begutachtung und, wie ich hoffe, Billigung.

VICTORIA Ich kann nicht alle fünf akzeptieren.

MELBOURNE Nur als Vorprüfung, Ma'am, warum nicht? Von fünfen im Rennen wählen Sie den Ihnen Genehmsten – den Gewinner.

VICTORIA Vielleicht werde ich lange Zeit keinen erwählen. Aber fahren Sie fort; ich bin sehr interessiert und aufgeregt.

MELBOURNE Die Voraussetzungen, Ma'am, für einen geeigneten Gemahl für Eurer Majestät Thron sind notwendigerweise speziell und besonders – ich möchte sogar sagen, außergewöhnlich. Er muss, natürlich, von königlichem Geblüt sein, andererseits darf er nicht direkter oder aussichtsreicher Erbe eines ausländischen Königs oder regierenden Fürsten sein.

VICTORIA Aber warum denn nicht, Lord Melbourne?

MELBOURNE Political complication might arise, Ma'am. The crown of Hanover has passed from your Majesty to another, because of the law which limits the succession to males only: a circumstance which I regard as fortunate. We want no more crowns of Hanover; the country is better without them. To proceed, then: he must be a Prince of some Royal House, not too petty, not too important. We must avoid entangling alliances. He must also be of the Protestant faith.

VICTORIA Oh yes, I *couldn't* marry a Papist.

MELBOURNE You could not, Ma'am. The Act of Settlement forbids it. He must be sufficiently young to be a suitable life-partner to your Majesty. He must know, or be capable of learning the English language; capable also of adapting himself to English customs, habits, and prejudices. The last is the most difficult of all, since the English have a prejudice against foreigners.

VICTORIA But, Lord Melbourne, that makes it impossible!

MELBOURNE No, Ma'am. It only rather restricts the choice. Someone must be found who, once naturalised, is able to share the prejudice. I've known it done. Your Majesty's cousin, Prince George of Cambridge, for instance, is rapidly acquiring a thoroughly British outlook. In another five years or so he will have learned to dislike foreigners as much as we do.

VICTORIA But do *you* dislike foreigners, Lord Melbourne?

MELBOURNE No, Ma'am, no: of course not! But sometimes, for political reasons, one has to pretend to.

VICTORIA Well, and what more?

MELBOURNE It would be well, Ma'am, if he had some

MELBOURNE Es könnten sich politische Komplikationen ergeben, Ma'am. Die Krone von Hannover ist von Eurer Majestät zu einem anderen übergegangen, wegen des Gesetzes, das die Nachfolge auf Männer beschränkt: ein Umstand, den ich als glücklich betrachte. Wir wollen keine Kronen von Hannover mehr; dem Land geht es besser ohne sie. Um fortzufahren – dann: Er muss ein Prinz aus einem königlichen Hause sein, nicht allzu unerheblich, nicht zu bedeutend. Wir müssen verwickelte Verwandtschaften vermeiden. Er muss auch protestantischen Glaubens sein.

VICTORIA Oh ja, ich könnte keinen Papisten heiraten.

MELBOURNE Sie könnten nicht, Ma'am. Die Verfassung verbietet es. Er muss jung genug sein als passender Lebenspartner für Eure Majestät. Er muss die englische Sprache können oder im Stande sein, sie zu lernen, und auch fähig sein, sich englischen Sitten, Gewohnheiten und Vorurteilen anzupassen. Das Letzte ist das Schwierigste von allem, da die Engländer Vorurteile gegen Fremde haben.

VICTORIA Aber, Lord Melbourne, das macht es unmöglich!

MELBOURNE Nein, Ma'am. Es schränkt nur die Wahl ein. Jemand muss gefunden werden, der, wenn er eingebürgert ist, mit Vorurteilen leben kann. Ich habe das schon erlebt. Eurer Majestät Vetter Prinz George von Cambridge zum Beispiel, hat sich flugs eine durchaus britische Lebensanschauung erworben. In weiteren fünf Jahren wird er gelernt haben, Fremde ebenso abzulehnen wie wir.

VICTORIA Aber lehnen *Sie* denn Fremde auch ab, Lord Melbourne?

MELBOURNE Nein, Ma'am, nein, natürlich nicht! Aber manchmal, aus politischen Gründen, muss man so tun als ob.

VICTORIA Gut, und was noch?

MELBOURNE Es wäre gut, Ma'am, wenn er eine eigene Mei-

means of his own; though they need not be large.
Parliament will provide whatever addition is necessary. He must have presence suited to his station;
also a certain amount of brain, but not too much.
He must not expect to interfere in politics.

VICTORIA Indeed, no! I should never allow it.

MELBOURNE Finally, he must have health, and a
sound constitution; he must – that is to say –
come of good stock. And that, Ma'am, has been
our main difficulty. Good stock, in the Royal
Families of Europe, is rare.

VICTORIA Please explain, for I don't quite understand.
"Good stock" – I thought that meant cattle.

MELBOURNE It does, Ma'am, in certain connections.
But it also means – what comes from father to
son. You find it referred to in the Second Commandment, where we are told that the sins of
the fathers are visited on the children: also their
virtues. In certain Royal lines the sins and the
virtues have been mixed; and one has to be careful that they shall not be more mixed. For that
reason the marriage of Royal cousins is generally inadvisable.

VICTORIA Oh.

MELBOURNE Generally, I say. In the case of a certain
branch of your Majesty's family connections it
is unfortunately true in a rather special degree.
For that reason, in the list I am about to submit,
I have not included – though it was suggested to
me – two of your Majesty's cousins, who might
otherwise have been desirable candidates – their
Serene Highnesses Prince Ernest and Prince Albert of Saxe-Coburg Gotha.

VICTORIA But they both looked quite strong and
healthy when I last saw them two years ago.

nung hätte, obwohl sie nicht zu groß sein muss. Das Parlament wird für die nötigen Anmerkungen sorgen. Seine Erscheinung muss seiner Stellung entsprechen; ein gewisses Maß an Verstand, aber nicht zu viel. Er muss wissen, dass er sich nicht in Politik einmischen darf.

VICTORIA Allerdings, nein! Das würde ich nie erlauben.

MELBOURNE Schließlich muss er gesund sein und eine stabile Konstitution haben, er muss sozusagen aus einem guten Stall kommen. Und das, Ma'am, ist unsere Hauptschwierigkeit gewesen. «Guter Stall» in den königlichen Familien Europas ist selten.

VICTORIA Bitte erklären Sie das, denn ich verstehe nicht ganz. «Guter Stall» – ich dachte, so sagt man beim Vieh.

MELBOURNE Das stimmt, Ma'am, in gewissen Zusammenhängen. Aber es bedeutet auch – was vom Vater auf den Sohn kommt. Sie finden es im zweiten Gebot ausgesprochen, wo uns gesagt wird, dass die Sünden der Väter heimgesucht werden an den Kindern, auch ihre Tugenden. In bestimmten königlichen Linien sind die Sünden und die Tugenden gemischt, und man muss aufpassen, dass sie nicht noch mehr vermischt werden. Aus diesem Grund ist die Heirat von königlichen Geschwisterkindern im allgemeinen unratsam.

VICTORIA Oh!

MELBOURNE Im allgemeinen, sage ich. Im Fall eines bestimmten Zweiges von Eurer Majestät Familienverbindungen trifft es unglücklicherweise zu in einem recht hohen Grad. Aus diesem Grund habe ich auf der Liste, die ich Ihnen jetzt vorlegen möchte, nicht, obwohl es mir vorgeschlagen wurde, zwei Vettern Ihrer Majestät aufgeführt, wenngleich sie sonst wünschenswerte Kandidaten wären, nämlich Ihre Königlichen Hoheiten Prinz Ernst und Prinz Albert von Sachsen-Coburg-Gotha.

VICTORIA Aber sie sahen beide ganz kräftig und gesund aus, als ich sie vor zwei Jahren sah.

MELBOURNE Apparently, Ma'am. But appearances are
   sometimes deceptive. It is, of course, a delicate – even
   a painful subject. But, acting under medical advice, and
   with a due sense of my responsibility, I have not included either of those young Princes in the list which
   I have now the honour to present to your Majesty.
   *(He rises, and puts the list into her hand: hurriedly she
   glances down the names.)*

VICTORIA Oh, but do I know any of them?

MELBOURNE Your Majesty knows one of them very well.

VICTORIA Oh – I didn't see. But Prince George is my
   cousin too.

MELBOURNE By another branch, your Majesty. There is
   not there the same objection.

VICTORIA Oh but I couldn't marry my Cousin George!
   He is so – so –

MELBOURNE Nobody wishes to decide your Majesty's
   choice. There are others.

VICTORIA But as I say, I don't know any of them.

MELBOURNE That, Ma'am can easily be remedied. You
   ask them to your Court in turn, saying nothing. And
   you let them go away again – saying nothing; or you
   do say something; and then – either they stay, or they
   come again.

VICTORIA But it is for me to decide, is it not?

MELBOURNE It is for your Majesty to decide. Your Majesty need not marry at all.

VICTORIA Oh, but I must marry. Mamma always said so.

MELBOURNE So I have been told. But in so important a
   matter, even devoted filial affection should not be
   allowed to influence your *choice*. I have merely indicated, Ma'am, that were any attempt to be made to
   influence your choice in a certain direction, that
   choice – for reasons already given, I should have to
   oppose.

MELBOURNE Es scheint so, Ma'am. Aber manchmal trügt der Schein. Es ist natürlich ein heikles, sogar peinliches Thema. Aber da ich mit ärztlichem Rat und mit gebührendem Sinn für meine Verantwortung handle, habe ich keinen dieser jungen Prinzen in die Liste aufgenommen, die ich Eurer Majestät zu überreichen die Ehre habe. *(Er erhebt sich und legt die Liste in ihre Hand; eilig überfliegt sie die Namen.)*

VICTORIA Oh, aber kenne ich denn jemanden von ihnen?

MELBOURNE Eure Majestät kennt einen von ihnen sehr gut.

VICTORIA Oh, das habe ich nicht gesehen. Aber Prinz George ist auch mein Vetter.

MELBOURNE Von einem anderen Zweig, Eure Majestät. Da gibt es nicht denselben Einwand.

VICTORIA Oh, aber ich könnte nicht meinen Vetter George heiraten. Er ist so... so...

MELBOURNE Niemand möchte Eurer Majestät Wahl vorgreifen. Es gibt noch andere.

VICTORIA Aber wie ich sage, ich kenne keinen von denen.

MELBOURNE Dem, Ma'am, kann man leicht abhelfen. Sie bitten sie der Reihe nach an Ihren Hof, ohne etwas zu sagen. Und Sie lassen sie wieder weggehen – ohne etwas zu sagen. Oder Sie *sagen* etwas und dann – entweder bleiben sie oder sie kommen wieder.

VICTORIA Aber es ist an mir, zu entscheiden, nicht wahr?

MELBOURNE Es ist an Eurer Majestät, zu entscheiden. Eure Majestät braucht überhaupt nicht zu heiraten.

VICTORIA Aber ich muss heiraten, sagte Mama immer.

MELBOURNE So wurde es mir mitgeteilt. Aber in so einer wichtigen Sache darf sogar eine liebende töchterliche Zuneigung Ihre Wahl nicht beeinflussen. Ich habe nur darauf hingewiesen, Ma'am, dass ich jedem Versuch, Ihre Wahl – diese Wahl – in eine bestimmte Richtung lenken zu wollen, aus den besagten Gründen widerstehen müsste.

VICTORIA Lord Melbourne, I should not allow any opposition in a matter of that kind. It would not influence me for a moment.

MELBOURNE No?

VICTORIA Indeed, rather the other way.

MELBOURNE I see. I understand, Ma'am. I sympathise. I shall say no more. I will only commend the matter to your Majesty's good sense – and conscience.

VICTORIA Oh, how kind you always are to me, Lord Melbourne! What a lot you are teaching me!

MELBOURNE What a lot you are teaching *me*. I have served under older sovereigns – under two. But I have never served under one who listened to advice so wisely or so well.

VICTORIA *(rising)* Good-bye, Lord Melbourne. Will you keep the list, or shall I?

MELBOURNE By your leave Ma'am; let what I have said be either remembered or forgotten. *(He tears the list and throws it into the fireplace.)* The choice must be your own.

VICTORIA Yes; but you haven't yet shown me – any portraits.

MELBOURNE Portraits Ma'am? Why portraits?

VICTORIA I can't decide about anyone – till I know what they are like. It wouldn't be fair to them – or to me.

MELBOURNE But your Majesty can send for them, and see.

VICTORIA Oh no. I'm not going to send for any, if I don't like the look of them.

MELBOURNE Portraits are sometimes deceptive; Ma'am.

VICTORIA Yes; I saw a portrait of my Cousin George of Cambridge the other day: quite handsome he looked.

VICTORIA Lord Melbourne, ich würde keinerlei Nötigung in einem Fall dieser Art hingehen lassen. Es würde mich nicht einen Augenblick beeinflussen können.

MELBOURNE Nein?

VICTORIA Wirklich, eher im Gegenteil.

MELBOURNE Gut. Ich verstehe, Ma'am. Ich stimme mit Ihnen überein. Ich will nicht mehr sagen. Ich will nur die Angelegenheit dem guten Gespür Eurer Majestät und Ihrem Gewissen empfehlen.

VICTORIA Oh wie freundlich Sie immer zu mir sind, Lord Melbourne! Was lehren Sie mich alles!

MELBOURNE Was lehren *Sie mich* alles! Ich habe unter älteren Herrschern gedient – unter zweien. Aber ich habe niemals gedient unter einem, der einen Rat so klug oder so gut angehört hat.

VICTORIA *(sich erhebend)* Auf Wiedersehn, Lord Melbourne. Wollen Sie oder soll ich die Liste behalten?

MELBOURNE Mit Eurer Erlaubnis, Ma'am, lassen Sie, was ich gesagt habe, entweder erinnert oder vergessen sein. *(Er zerreißt die Liste und wirft sie ins Feuer.)* Die Wahl muss Ihre eigene sein.

VICTORIA Ja. Aber Sie haben mir noch gar keine Porträts gezeigt.

MELBOURNE Porträts, Ma'am? Warum Porträts?

VICTORIA Ich kann doch nicht über Leute entscheiden, bevor ich weiß, wie sie aussehen. Es wäre nicht anständig gegen sie – oder gegen mich.

MELBOURNE Aber Eure Majestät kann nach ihnen senden und sehen.

VICTORIA Oh nein. Ich sende nach niemanden, wenn ich jemandes Aussehen nicht mag.

MELBOURNE Porträts sind manchmal trügerisch, Ma'am.

VICTORIA Das stimmt; ich habe neulich ein Bildnis meines Vetters George von Cambridge gesehen, er sah da recht gut aus.

MELBOURNE I can get their portraits, Ma'am, if you wish. But Court Painters, like Prime Ministers, know their duty; and they only do what is expected of them. If they can't do that, they have to go.

VICTORIA *(going toward a table, on which stands a framed portrait)* Here is a portrait that was sent to Mamma, the other day – of my Cousin, Prince Albert.

MELBOURNE *(who has followed to the table)* Oh! Ah! Yes. H'm.

VICTORIA Surely he must have grown very handsome! It would not be possible for a Court Painter to imagine anyone like that.

MELBOURNE You never know Ma'am, you never know. Imagination sometimes goes a long way. Well, the list having gone, am I now to make a collection of portraits for your Majesty?

VICTORIA Oh no, Lord Melbourne. I wasn't speaking seriously when I said that.

MELBOURNE No more was I Ma'am. But I do ask your Majesty to think seriously. The future welfare of this country is now in this little hand.
(He stoops and kisses it.)

VICTORIA Indeed, Lord Melbourne, I pay great attention to everything that you say. And I shall continue to take your advice, whenever I find it – possible. Good-bye.
(LORD MELBOURNE bows himself out. She goes and takes up the portrait and kisses it.)
Albert... Albert... Albert... will you marry me?

MELBOURNE Ich kann die Porträts besorgen, wenn Sie es wünschen. Aber Hofmaler – wie Prime Minister – kennen ihre Pflicht; und sie tun nur, was von ihnen erwartet wird. Wenn sie das nicht können, müssen sie gehen.

VICTORIA *(geht zum Tisch, auf dem ein gerahmtes Bild steht)* Hier ist ein Porträt, das neulich an Mama gesandt worden ist – von meinem Vetter, Prinz Albert.

MELBOURNE *(der zum Tisch gefolgt ist)* Oh! Ah! Ja. Hm.

VICTORIA Der sieht bestimmt auch in Wirklichkeit sehr gut aus. Es wäre einem Hofmaler nicht möglich, sich etwas wie dies auszudenken.

MELBOURNE Man weiß nie, Ma'am, man weiß nie. Die Vorstellungskraft geht manchmal einen langen Weg. Aber gut. Soll ich nun, nachdem die Liste weg ist, eine Sammlung von Porträts für Eure Majestät machen?

VICTORIA Oh nein, Lord Melbourne. Es war nicht mein Ernst, als ich das sagte.

MELBOURNE Meiner auch nicht, Ma'am. Aber ich bitte Eure Majestät, ernsthaft nachzudenken. Die zukünftige Wohlfahrt dieses Landes liegt nun in dieser kleinen Hand. *(Er verbeugt sich und küsst ihr die Hand.)*

VICTORIA Wirklich, Lord Melbourne, ich schenke allem, was Sie sagen, große Aufmerksamkeit. Und ich werde weiter ihren Rat annehmen, wann immer ich es – für möglich halte. Auf Wiedersehn.
(LORD MELBOURNE geht, sich verbeugend, hinaus. Sie geht und nimmt das Bild auf und küsst es.)
Albert... Albert... Albert... willst du mich heiraten?

A State Secret 1838

LORD MELBOURNE, *the Prime Minister, sits in his writing-room at Downing Street. With him is* MR TUDOR, *British Minister at the Court of Saxe-Coburg Gotha, now on home leave. The Prime Minister lolls indolently at ease; so far the official report has not much interested him.* MR TUDOR *sits upright in his chair, precise and respectful. He is much the younger man; but already he has been taken into the confidence of persons of importance; and is not without a certain sense of his own.*

MELBOURNE Yes? Well? What also have you to report?

TUDOR The Court of Saxe-Coburg is a little anxious, my Lord, because nothing has been said lately about the possible arrangement – of a marriage.

MELBOURNE *(his interest awakened)* Ah?

TUDOR The Court is anxious, my Lord, because the Princes are now of marriageable age; and it doesn't want to let good chances slip.

MELBOURNE Are any other brides in the market, then?

TUDOR For His Serene Highness Prince Ernest there is the prospect of a very eligible offer. But a rumour of this other possibility has got about; and they won't make the offer if it is going to be refused.

MELBOURNE So they want the coast cleared for Prince Ernest, eh? What about Prince Albert?

TUDOR I have reason to believe that they would prefer it should be Prince Ernest.

MELBOURNE And I have reason – very grave reason – to prefer that it should be neither. Anyway, let Prince Ernest go. Tell 'em to give him away to any-

Ein Staatsgeheimnis

LORD MELBOURNE, *der Prime Minister, sitzt in seinem*
Schreibzimmer in der Downing Street. Bei ihm ist
MR TUDOR, *der Britische Minister am Hof von Sachsen-*
Coburg-Gotha, zur Zeit im Heimaturlaub. Der Prime
Minister räkelt sich untätig und mit Behagen; bisher hat
ihn der offizielle Bericht nicht sehr interessiert. MR TUDOR
sitzt aufrecht in seinem Stuhl, steif und respektvoll. Er
ist der erheblich Jüngere, aber er hat schon das Vertrauen
von wichtigen Leuten gewonnen. Und er hat durchaus
ein gewisses Selbstwertgefühl.

MELBOURNE Ja? Also? Was haben Sie noch zu berichten?
TUDOR Der Hof von Sachsen-Coburg ist ein wenig besorgt,
mein Lord, weil in letzter Zeit nichts mehr verlautet ist
über die mögliche Vereinbarung – einer Heirat.
MELBOURNE *(sein Interesse erwacht)* Ah?
TUDOR Der Hof ist besorgt, mein Lord, weil die Prinzen
nun im heiratsfähigen Alter sind; und man möchte sich
nicht gute Chancen entschlüpfen lassen.
MELBOURNE Sind also irgendwelche anderen Bräute auf dem
Markt?
TUDOR Für Seine Königliche Hoheit Prinz Ernst besteht die
Aussicht auf ein sehr wünschenswertes Angebot; und
nun ist gerüchtweise von dieser anderen Möglichkeit die
Rede und man möchte keinen Antrag stellen, wenn er
verweigert werden könnte.
MELBOURNE So will man die Lage klären für Prinz Ernst,
wie? Und was ist mit Prinz Albert?
TUDOR Ich habe Grund zu der Annahme, dass man vorzöge,
es würde Prinz Ernst sein.
MELBOURNE Und ich habe Grund – sehr gewichtigen Grund
– vorzuziehen, dass es keiner von beiden sein sollte. Jedenfalls lassen Sie Prinz Ernst beiseite! Sagen Sie ihnen,

body as quick as they like. That'll be one off my mind, at any rate.

TUDOR Your lordship does not now favour the proposal, then?

MELBOURNE I never did. It was the Duchess with her damned interference. She seems to think this country was invented entirely for the benefit of her own family. 'Twas she made the match, as far as it could be made.

TUDOR Is Her Majesty greatly under the influence of Her Royal Highness the Duchess, my Lord?

MELBOURNE Not now; no, not now. But she is greatly under the influence of her own feelings. And it so happens that – before I could be there to prevent – the thing was done. She has seen both of them. Oh yes; she'd have liked Prince Ernest well enough, if Prince Albert hadn't been there also.

TUDOR At Saxe-Coburg they do not wish it to be Prince Albert, my Lord.

MELBOURNE What they don't wish is not going to count. I'm afraid, I'm very much afraid she will go her own way in this matter. She's in love with him. She kisses his portrait, I'm told. And it's very serious – very serious indeed. Cousins of that stock marrying may be *fatal*.

TUDOR If your Lordship wishes to prevent the marriage with Prince Albert, it can be done quite easily.

MELBOURNE I've been trying all I know how. And it's God damn difficult. She shut me down – as if I were nobody. I've tried more than once.

TUDOR It need not be difficult, my Lord. You have merely to state certain facts, and – the match will be off.

MELBOURNE Well, now you do interest me exceed-

sie sollen ihn an jemand anderen geben so schnell es geht. Dann habe ich auf jeden Fall einen aus dem Kopf.

TUDOR Eure Lordschaft will also den Antrag nicht begünstigen?

MELBOURNE Habe ich nie. Es war die Herzogin mit ihrer verdammten Einmischung. Sie scheint zu denken, dieses Land sei nur erfunden worden zum Wohl ihrer eigenen Familie. Sie war es, die das Ganze angestiftet hat, so weit es ging.

TUDOR Steht Ihre Majestät stark unter dem Einfluss Ihrer Königlichen Hoheit, der Herzogin, mein Lord?

MELBOURNE Nicht mehr, nein nicht mehr. Aber sie steht stark unter dem Einfluss ihrer eigenen Gefühle. Und so kam es, dass es – bevor ich zur Stelle sein konnte, es zu verhüten – schon passiert war. Sie hatte beide gesehen. Oh ja, sie würde Prinz Ernst durchaus gemocht haben, wenn nicht Prinz Albert auch da gewesen wäre.

TUDOR Bei Sachsen-Coburg wünscht man nicht, dass es Prinz Albert ist, mein Lord.

MELBOURNE Was man dort wünscht, zählt nicht. Ich fürchte, ich fürchte sehr, sie wird ihrem eigenen Willen folgen. Sie ist in ihn verliebt. Sie küsst sein Bildnis, wurde mir gesagt. Und es ist sehr ernst, sehr ernst wahrhaftig. Vettern aus dieser Linie heiraten kann verhängnisvoll sein.

TUDOR Wenn Eure Lordschaft die Ehe mit Prinz Albert verhindern möchte, kann das ganz leicht geschehen.

MELBOURNE Ich habe alles versucht, was mir zu Gebote stand. Und es ist verdammt schwierig. Sie machte mich nieder – wie wenn ich niemand wäre. Ich habe mich mehr als einmal bemüht.

TUDOR Es braucht nicht schwierig zu sein, mein Lord. Sie müssen bloß gewisse Fakten darlegen und – das Spiel ist vom Tisch.

MELBOURNE Gut, das interessiert mich nun außerordent-

ingly! Already morganatically married to some German wench, eh?

TUDOR Oh, no, no. Nothing of that sort. The Prince has a blameless character. The same cannot be said about his late mother, the Duchess.

MELBOURNE No, so I... His parents separated over something, I believe.

TUDOR They separated when the Prince was five years old. She went to live in Paris; he never saw her again. The *cause* of the separation was of *more* than five years' standing, my Lord. *(This is said with meaning.)*

MELBOURNE *(rising, with sharp interest)* Heh? ... You don't say so!

TUDOR After five years the parties forgot to be prudent: the thing got about.

MELBOURNE *(sitting down)* Who was – the *other* party?

TUDOR One of the Court Chamberlains: a very charming and accomplished person; but a commoner, and of Jewish extraction.

MELBOURNE *(pondering deeply)* Dear me! Dear me! ... Healthy?

TUDOR Oh, quite... You have only to tell Her Majesty that her cousin, Prince Albert, is not quite so much her cousin as she imagines, and I apprehend that you will have no further difficulty.

MELBOURNE *(following his own line of thought)* The *Mother* was healthy, was she not?

TUDOR Well, she produced two fine boys. But *Prince Albert is the finer.*

MELBOURNE Then only Prince Ernest is really related?

TUDOR That is so.

MELBOURNE And the Duke can't be the father of Prince Albert?

TUDOR Unfortunately, no.

lich. Etwa schon unstandesgemäß verheiratet mit einem deutschen Flittchen, wie?

TUDOR Oh nein, nein. Nichts dergleichen. Der Prinz hat einen tadellosen Charakter. Dasselbe kann von seiner verstorbenen Mutter, der Herzogin, nicht gesagt werden.

MELBOURNE Nein? Ach so... seine Eltern sind getrennt wegen irgend etwas, stimmt's?

TUDOR Sie trennten sich, als der Prinz fünf Jahre alt war. Sie ging nach Paris, er sah sie nie wieder. Der Grund der Trennung lag mehr als fünf Jahre zurück, mein Lord... *(Das wird bedeutungsvoll gesagt.)*

MELBOURNE *(sich erhebend, mit heftigem Interesse)* Wie? Sie sagen doch nicht...!

TUDOR Nach fünf Jahren vergaßen die Parteien, vorsichtig zu sein. Die Sache sprach sich herum.

MELBOURNE *(sich setzend)* Wer war die – andere Partei?

TUDOR Einer der Kammerherren bei Hofe, ein sehr liebenswürdiger und gut erzogener Mensch; aber ein Bürgerlicher und von jüdischer Herkunft.

MELBOURNE *(tief nachdenkend)* Liebe Zeit! Liebe Zeit!... Gesund?

TUDOR Oh, völlig... Sie brauchen nur Ihrer Königlichen Majestät zu erzählen, dass ihr Vetter, Prinz Albert, nicht ganz so sehr ihr Vetter ist, wie sie es sich vorstellt, und ich nehme an, dass Sie keine weiteren Schwierigkeiten haben werden.

MELBOURNE *(seinem eigenen Gedankengang folgend)* Die Mutter war gesund, nicht wahr?

TUDOR Nun gut, sie brachte zwei schöne Jungen zur Welt. Aber Prinz Albert ist der Schönere.

MELBOURNE Dann ist nur Prinz Ernst wirklich verwandt?

TUDOR So ist es.

MELBOURNE Und der Herzog kann nicht der Vater von Prinz Albert sein?

TUDOR Leider nein.

MELBOURNE You are sure?

TUDOR I have confidentially been shown documents which put the matter beyond dispute. In the deed of separation the facts were fully admitted.

MELBOURNE Why were you shown them?

TUDOR I imagine, my Lord, because at Saxe-Coburg there is a wish that Prince Ernest should be Her Majesty's choice – not Prince Albert.

MELBOURNE *(rising, in a tone of deep satisfaction)* Ah! … Mr Tudor, I am *enormously* obliged to you – *enormously* obliged to you. Your information is a godsend! And – if my term of office holds for a while, as I think it will, I can promise you promotion. The next suitable vacancy will be yours. Understand: you have done your country a great service.

TUDOR *(who has risen at the same time as his chief)* My Lord, I thank you.

MELBOURNE I thank *you*! Good-bye.

(MR TUDOR bows over his hand with deep respect, and goes. MELBOURNE rings, and walks obout excitedly. A SECRETARY enters.)

MELBOURNE Has Lord Conyngham waited?

SECRETARY Yes, my Lord.

MELBOURNE Then ask his Lordship to be good enough to come in.

(The SECRETARY goes. MELBOURNE sits down, writes, gets up again, rubs his hands. He is as happy as a schoolboy. Enter LORD CONYNGHAM.)

MELBOURNE Conyngham, we've done the trick! We are going to marry her to Prince Albert.

CONYNGHAM *(aghast)* Good Heavens! You don't say so! … But –

MELBOURNE *(going up to him, and speaking with an intensity of significance which at last has its*

MELBOURNE Sind Sie sicher?

TUDOR Mir sind vertrauliche Dokumente gezeigt worden, die die Sache als als unstreitig erweisen. In der Trennungsurkunde sind die Tatsachen voll zugegeben.

MELBOURNE Warum hat man sie Ihnen gezeigt?

TUDOR Ich stelle mir vor, mein Lord, weil bei Sachsen-Coburg der Wunsch besteht, dass Prinz Ernst die Wahl Ihrer Majestät sein sollte, nicht Prinz Albert.

MELBOURNE *(erhebt sich in einer Haltung tiefer Befriedigung)* Ah! ... Mr Tudor, ich bin Ihnen außerordentlich zu Dank verpflichtet – außerordentlich. Ihre Information ist ein Geschenk des Himmels! Und – wenn meine Zeit im Amt eine Weile andauert, was ich glaube, kann ich Ihnen Beförderung versprechen. Die nächste passende freie Stelle wird Ihre sein. Verstehen Sie: Sie haben unserem Land einen großen Dienst erwiesen.

TUDOR *(der sich zur gleichen Zeit wie sein Chef erhoben hat)* Mein Lord, Ich danke Ihnen.

MELBOURNE Ich danke *Ihnen*! Auf Wiedersehn.
(MR TUDOR beugt sich über seine Hand mit tiefem Respekt und geht, MELBOURNE *läutet und geht aufgeregt herum. Ein* SEKRETÄR *tritt ein.)*

MELBOURNE Hat Lord Conyngham gewartet?

SEKRETÄR Ja, mein Lord.

MELBOURNE Dann bitten Sie Seine Lordschaft, er möchte so gut sein hereinzukommen.
(Der SEKRETÄR *geht.* MELBOURNE *setzt sich, schreibt, steht wieder auf, reibt seine Hände. Er ist vergnügt wie ein Schuljunge.* LORD CONYNGHAM *tritt ein.)*

MELBOURNE Conyngham, wir haben die Sache geschafft! Wir sind dabei, sie mit Prinz Albert zu verheiraten.

CONYNGHAM *(bestürzt)* Guter Gott! Sie scherzen! ... Aber...

MELBOURNE *(geht zu ihm hin und spricht mit einer eindringlichen Bedeutsamkeit, die schließlich ihre Wirkung*

effect) It's all right! ... It's all right! ... *It's all right!*

CONYNGHAM But, my dear Mel, what has made it –
"all right," as you say?

MELBOURNE *Human nature.*

(And at last the LORD CONYNGHAM *comprehends.)*

CONYNGHAM Well! It seems almost like – Divine In-
tervention.

MELBOURNE It was Conyngham, it was! It isn't only
marriages that are made in Heaven. Liaisons are
made there too. Thank God!

hat) Alles in Ordnung! ... Alles in Ordnung! ... Alles
in Ordnung!

CONYNGHAM Aber mein lieber Mel, was hat es « in Ordnung» gebracht, wie Sie sagen?

MELBOURNE Die menschliche Natur.

(Und endlich begreift LORD CONYNGHAM.*)*

CONYNGHAM Gut! Es erscheint beinahe wie – göttliches
Eingreifen.

MELBOURNE Das war's, Conyngham, das war's! Nicht nur
Ehen werden im Himmel geschlossen. Liebschaften werden auch dort gemacht. Gott sei Dank!

Woman Proposes 15th October 1839

In a sitting-room at Windsor Castle PRINCE ALBERT
*of Saxe-Coburg Gotha stands looking rather
sadly out of the window. The outside prospect is
beautiful; but some other prospect seems to de-
press him. Still very young, he has already a full
grown conscience, which at times becomes too
much for him.*
The door opens, his brother, PRINCE ERNEST, *enters, shuts the door, and stands looking at him.
After a pause he speaks: his English is good, but
he has a foreign accent.*

ERNEST Well, Albert?

ALBERT *(not turning)* Jawohl, mein Bruder?

ERNEST We must speak English.

ALBERT *(turning)* Why?

ERNEST For practice. One of us – you or I – will have
to always.

ALBERT *(sighing)* I suppose!

ERNEST *(guardedly)* Which of us, do you "suppose,"
it is going to be?

ALBERT That is not for me to say. The decision will
not be ours.

ERNEST But we shall have to say *something* – one of
us – presently.

ALBERT Yes, presently. And only one answer will be
possible.

ERNEST You mean it must be "yes"?

ALBERT Since it cannot possibly be "no."

ERNEST Then – you do not wish –?

ALBERT I have given up "wishing," Brother. Wishes
might hinder.

ERNEST You don't seem very happy about it... No?

Damenwahl

In einem Wohnraum in Windsor Castle steht PRINZ
ALBERT *von Sachsen-Coburg-Gotha und schaut ziemlich trübsinnig aus dem Fenster. Die Aussicht nach draußen ist schön; aber eine andere Aussicht scheint ihn zu
bedrücken. So sehr jung er noch ist, hat er doch schon ein
ausgewachsenes Bewusstsein, das ihm manchmal zuviel
wird.*
Die Tür geht auf, sein Bruder, PRINZ ERNST *tritt ein,
schließt die Tür und steht und schaut ihn an. Nach einer
Pause spricht er; sein Englisch ist gut, aber er hat einen
fremden Akzent.*

ERNST Nun, Albert?

ALBERT *(wendet sich nicht um)* Jawohl, mein Bruder?

ERNST Wir müssen englisch sprechen.

ALBERT *(dreht sich um)* Warum?

ERNST Zur Übung. Einer von uns, du oder ich, wird es immer tun müssen.

ALBERT *(seufzend)* Ich nehme an!

ERNST *(vorsichtig)* Wer von uns, «nimmst du an», wird
es werden?

ALBERT Es ist nicht an mir, das zu sagen. Die Entscheidung
wird nicht unsre sein.

ERNST Aber wir werden etwas sagen müssen – einer von
uns – und zwar gleich.

ALBERT Ja, sogleich. Und nur eine Antwort wird möglich
sein.

ERNST Du meinst, sie muss «Ja» lauten.

ALBERT Da es unmöglich «Nein» sein kann.

ERNST Dann – du wünschst es dir nicht...?

ALBERT Ich habe das Wünschen aufgegeben, Bruder. Wünsche könnten hinderlich sein.

ERNST Du scheinst nicht sehr froh darüber zu sein – wie?

ALBERT This foreign land terrifies me. Look!
(He indicates the landscape.)

ERNEST Rather beautiful, don't you think?

ALBERT Beautiful? Yes, but all the same it means exile
– to live in it.

ERNEST But then – to be almost a King!

ALBERT No! The English people will never allow a
foreigner – you or me – to be King: nor anything
like one.

ERNEST We are hardly more foreigners than are
some of their own Royalty. We speak as good
English.

ALBERT But we were not *born* in England.

ERNEST What real difference does that make to a
man – where he was born?

ALBERT Real? None. But – to the English – *all* the
difference. Has it never struck you, Ernest, that
the English are a very romantic nation?

ERNEST Rather materialistic, I should say.

ALBERT Yes, but very romantic over their material
– some of it. Their history – their wars – their
royal successions – their revolutions. I have been
reading English history lately. It is all a romance.
Their lost battles? Where are they? Except for
one or two – they do not exist.

ERNEST What about their lost countries – France,
and America?

ALBERT They don't know they have lost them – till
it is such old history that it means to them – nothing. For three hundred years after they had
been driven out, their Kings still called themselves
Kings of France. That is true, Ernest. Don't laugh!

ERNEST Of France? Yet don't like foreigners, you
say?

ALBERT Oh, they like *ruling* them. They do that as a

ALBERT Das fremde Land erschreckt mich. Schau!
(Er weist auf die Landschaft.)

ERNST Recht schön, findest du nicht?

ALBERT Schön? Ja, aber trotzdem bedeutet es Exil, wenn
man darin lebt.

ERNST Aber doch – beinahe ein König sein!

ALBERT Nein! Das englische Volk wird niemals zulassen,
dass ein Fremder – du oder ich – König ist, auch nicht
etwas ähnliches.

ERNST Wir sind schwerlich *mehr* Fremde, als einige in ihrem eigenen Königreich. Wir sprechen auch gut englisch.

ALBERT Aber wir sind nicht in England geboren.

ERNST Welchen tatsächlichen Unterschied macht es für einen Menschen, wo er geboren ist?

ALBERT Tatsächlichen? Keinen. Aber – für die Engländer –
den ganzen Unterschied. Ist dir noch nie der Gedanke
gekommen, Ernst, dass die Engländer eine sehr roman-
tische Nation sind?

ERNST Ziemlich materialistisch, würde ich sagen.

ALBERT Ja, aber sehr romantisch, was das Materielle betrifft
– zumindest einiges davon. Ihre Geschichte – ihre Kriege
– ihre königliche Thronfolge – ihre Revolutionen. Ich
habe in letzter Zeit englische Geschichte gelesen. Es ist
alles Romantik. Ihre verlorenen Schlachten? Wo sind
sie? Außer einer oder zweien – es gibt sie nicht.

ERNST Und ihre verlorenen Länder – Frankreich und Ame-
rika?

ALBERT Sie wissen nicht, dass sie sie verloren haben – bis
es eine so alte Geschichte ist, dass sie ihnen nichts mehr
bedeutet – nichts. Noch dreihundert Jahre, nachdem sie
vertrieben worden sind, nannten sich ihre Könige «Könige von Frankreich», das ist wahr, Ernst, lach nicht.

ERNST Von Frankreich? Und mögen keine Fremden, sagst
du?

ALBERT Oh, sie mögen sie *regieren*. Sie tun das aus Nei-

favour. Here you or I will only be – a puppet, kept to breed by. If it is *you*, are you going to resign yourself to that – willingly?

ERNEST If it is to be *me*, you say? It is time that I speak, Albert. It *must* be me. Did not Papa tell you?

ALBERT Tell me? No! What?

ERNEST Oh, well: perhaps he found it more difficult to tell – you. I do not know. But this is quite sure. He wishes it shall be *me*.

ALBERT *You?*

ERNEST Are you sorry?

ALBERT *(resentfully)* Then – why did he make me come?

ERNEST *(with a touch of sarcasm)* Oh, she has to choose, she has to choose! But she has to choose – *me*.

ALBERT Why?

ERNEST It is Papa's wish. He says – that there are family reasons.

ALBERT Why did he not tell *me* so?

ERNEST I do not know, Albert; I do not know. But you were always our Mamma's favourite. So, perhaps, that is why I am his.

(Some new thought seems to have come to ERNEST. He looks at ALBERT curiously.)

ALBERT What was their quarrel about, Ernest?

ERNEST It was more than a quarrel. I am thinking. *(Evidently he is.)* ... Do you remember our Mamma at all, Albert?

ALBERT Oh yes. I remember her, just once, very well. She was crying. She took me into her arms and cried, and cried, till I cried too.

ERNEST You were very young when she – went away from us... I wonder... *(ponderingly)*.

ALBERT She used to write me letters.

ERNEST Ah! She never wrote one to me!

gung. Hier wirst du oder werde ich nur – eine Marionette sein, gehalten zum Kinderzeugen. Wenn *du* es bist,
wirst du dich damit abfinden – willig?

ERNST Wenn *ich* es sein werde, sagst du? Es ist Zeit, dass
ich rede, Albert. Ich muss es sein. Hat Papa es dir nicht
gesagt?

ALBERT Mir gesagt? Nein! Was?

ERNST Oh, nun; vielleicht hat er es schwieriger gefunden,
es dir zu sagen, ich weiß es nicht. Aber es ist ganz sicher.
Er wünscht, dass *ich* es sein soll.

ALBERT *Du?*

ERNST Bist du traurig?

ALBERT *(ärgerlich)* Warum ließ er mich dann mitkommen?

ERNST *(mit einem Anflug von Sarkasmus)* Oh, sie muss
wählen, es ist *ihre* Wahl. Aber sie muss *mich* wählen.

ALBERT Warum?

ERNST Es ist Papas Wunsch. Er sagt – dass es Familiengrün-
de gibt.

ALBERT Warum sagte er das nicht *mir?*

ERNST Ich weiß nicht, Albert, ich weiß nicht. Aber du warst
immer der Liebling unserer Mutter. So kommt es vielleicht, dass ich seiner bin.

*(ERNST scheint ein neuer Gedanke gekommen zu sein.
Er schaut ALBERT merkwürdig an.)*

ALBERT Worum ging der Streit, Ernst?

ERNST Es war mehr als ein Streit. Ich denke. *(Man sieht,
wie er denkt.)* ... Erinnerst du dich überhaupt an unsere
Mama, Albert?

ALBERT Ich erinnere mich sehr gut – besonders an einmal.
Sie weinte. Sie nahm mich in die Arme und weinte und
weinte, bis auch ich weinte.

ERNST Du warst sehr jung, als sie – von uns wegging. Ich
möchte wissen... *(Er überlegt.)*

ALBERT Sie schrieb mir oft Briefe.

ERNST Ah! Mir schrieb sie nie einen!

ALBERT They came secretly, by hand. I was to let nobody know.

ERNEST Did you answer those letters?

ALBERT Yes.

ERNEST Secretly?

ALBERT Yes.

ERNEST So you never told me.

ALBERT I was not to do so, lest it should be found out.

ERNEST Though I was your Brother? Oh yes! You were always more to her than I. She wanted to take you with her – did you know? *Me* – she did not want.

ALBERT When she went to live in Paris – alone, you mean?

ERNEST *(scoffingly.)* Oh! not alone... *(Suddenly a thought strikes him)* Ah! So that is it? Now I understand! ... Yes... Listen, Albert... *It has got to be me!* You are my Brother, but you are not the son of my Father. I have just come to be sure of it.

ALBERT I am not –?

(He stands dumbfounded.)

ERNEST *(with more emphasis) You are not the son of my Father.* And *that* is why he says now it must be *me*... Forgive me, Albert! You are very dear to me. But you must obey my Father.

ALBERT If what you tell me is true, why should I obey – *your* Father?

ERNEST Oh, well, Albert, because – whatever you are *not* – he is still your Reigning Prince. You owe him loyal duty and obedience, like all the rest.

ALBERT No!

ERNEST No?

ALBERT *(touched in his pride)* He did not tell *me*! Had he wished for my obedience, he should have told *me*, not *you*.

ERNEST The explanation would have been rather difficult.

ALBERT No doubt. That he did not choose to explain –

ALBERT Sie wurden mir heimlich zugesteckt. Ich sollte es niemanden wissen lassen.

ERNST Hast du auf diese Briefe geantwortet?

ALBERT Ja.

ERNST Mir hast du das nie erzählt.

ALBERT Ich sollte nicht, damit es nicht herauskäme.

ERNST Obwohl ich dein Bruder war? Oh ja! Du hast ihr immer mehr bedeutet als ich. Sie wollte dich mit sich nehmen, wusstest du das? Mich – nicht.

ALBERT Als sie ging, um in Paris zu leben – allein, meinst du?

ERNST *(höhnisch)* Oh, nicht allein! ... *(Plötzlich kommt ihm ein Gedanke.)* Ah! So ist das? Nun verstehe ich! ... Ja... Hör zu, Albert... Es *ist* so, dass *ich* es sein muss! Du bist mein Bruder, aber du bist nicht der Sohn meines Vaters. Gerade ist mir das klar geworden.

ALBERT Ich bin nicht...?

(Er steht sprachlos.)

ERNST *(mit mehr Nachdruck)* Du bist nicht der Sohn meines Vaters. Und daher kommt es, dass er sagt, dass *ich* es sein muss... Vergib mir Albert! Du bist mir sehr lieb. Aber du musst meinem Vater gehorchen.

ALBERT Wenn das, was du mir erzählst, wahr ist, warum soll ich – *deinem* Vater gehorchen?

ERNST Nun gut, Albert, weil er – was auch immer du *nicht* bist – doch jedenfalls dein Landesherr ist. Du schuldest ihm Treuepflicht und Gehorsam wie alle anderen.

ALBERT Nein!

ERNST Nein?

ALBERT *(verletzt in seinem Stolz)* Er hat es nicht mir gesagt! Hätte er meinen Gehorsam haben wollen, hätte er es mir sagen müssen, nicht dir.

ERNST Die Erklärung wäre ziemlich schwierig gewesen.

ALBERT Ohne Zweifel. Dass er es vorgezogen hat, sich

removes the difficulty? – so far as it concerns *me*.

ERNEST *(startled)* What, then, do you mean to do, Albert?

ALBERT If she asks me, I shall accept.

ERNEST Then she shall *not* ask you! Albert, we have the same Mother, and your honour is mine, and this shall never be known. But I must see that my Father's wishes are obeyed. I shall have you sent home.

ALBERT Sent home!

ERNEST Yes, at once. You shall be ordered to return. I shall send word to-day.

ALBERT And what if I refuse to go?

ERNEST My dear Albert, we are not English, we are German. If the Duke, my Father, your Sovereign Prince, sends for you to return, you *will* return. You know that perfectly well.

(ALBERT looks at him in silence for a while; then turns slowly away.)

I am not taking away from your happiness, Albert. You will be happier than I.

ALBERT Happiness is not everything.

ERNEST Almost.

ALBERT Live for it, and you lose it! To be happy has never been my thought – about life. I have not aimed for that.

ERNEST No? What, then?

ALBERT To do something that shall be worth doing.

ERNEST Just now you said – to be a "puppet." I save you from *that*.

ALBERT *(coldly)* I would rather save myself.

ERNEST Ah? So you have ambition?

ALBERT Ambition? ... I wonder... Is it ambitious to give oneself – up?

nicht zu äußern, beseitigt die Schwierigkeit, soweit sie mich betrifft.

ERNST *(erschrocken)* Was – dann, gedenkst du zu tun, Albert?

ALBERT Wenn sie mich fragt, werde ich annehmen.

ERNST Dann soll sie dich nicht fragen! Albert, wir haben die gleiche Mutter, und deine Ehre ist meine, und die Sache soll nie bekannt werden. Aber ich muss zusehen, dass den Wünschen meines Vaters nachgekommen wird. Ich werde dich heimschicken lassen müssen.

ALBERT Heimschicken?

ERNST Ja. Sofort. Du sollst zurückbeordert werden. Ich will heute Nachricht geben.

ALBERT Und wenn ich mich weigere zu gehen?

ERNST Lieber Albert, wir sind keine Engländer, wir sind Deutsche. Wenn der Herzog, mein Vater, dein Landesherr nach dir sendet, zurückzukehren, *wirst* du zurückkehren. Das weißt du ganz genau.
(ALBERT siebt ihn eine Weile schweigend an, dann dreht er sich langsam weg.)
Ich möchte dich nicht um dein Glück bringen, Albert. Du wirst glücklicher sein als ich.

ALBERT Glück ist nicht alles.

ERNST Beinahe.

ALBERT Lebe dafür, und du verlierst es. Glücklich sein war nie mein Gedanke – über das Leben. Ich hatte dieses Ziel nicht im Auge.

ERNST Nein? Was dann?

ALBERT Etwas zu tun, das wert ist, getan zu werden.

ERNST Gerade eben sagtest du – eine «Marionette» sein Davor bewahre ich dich.

ALBERT *(kalt)* Ich möchte mich lieber selbst bewahren.

ERNST Ah! So hast du Ehrgeiz?

ALBERT Ehrgeiz?... Ich möchte wissen... Ist es ehrgeizig, sich selber – aufzugeben?

ERNEST No, Brother; but you will not have to give up yourself. Only, in this, do as you are told.

ALBERT As *you* tell me?

ERNEST As your Reigning Prince tells you. As you will be told – very soon.

ALBERT Well, about that – we shall see!

ERNEST *Yes*, Albert.

(Hearing a step, they turn. VICTORIA *has entered. She has already taken in something of a situation which she is not to understand. And since she is to be denied its explanation, she intends to terminate it.)*

VICTORIA What are you two looking so serious about?

ERNEST The rain.

VICTORIA Oh, but it will clear presently; then we will go for a ride in the Park.

ERNEST Oh, that will be very nice, to be sure!

VICTORIA I hope you are going to enjoy your stay, Cousin.

ERNEST Very much. I shall find it most delightful.

VICTORIA And you too, Albert?

ALBERT You are very kind, dear Cousin. How could I help enjoying myself while I am with you?

VICTORIA Albert, that is the first pretty speech you have ever made me!

ALBERT I am sorry, Cousin.

VICTORIA Oh, but lt I like it!

ALBERT I mean – that it should be only the first.

VICTORIA Well, so long as it's not the last, I don't mind.

ERNEST The rain is clearing. It has stopped. Shall we go out now?

VICTORIA *(correctively)* Cousin Ernest, I have made all necessary arrangements. We shall go out when we do go out – and not before. Besides – have you

ERNST Nein, Bruder; aber du wirst dich nicht selber aufgeben müssen. Nur in diesem Fall tu, wie dir gesagt ist.

ALBERT Wie du mir sagst.

ERNST Wie dein Landesherr dir sagt. Wie dir gesagt werden wird, sehr bald.

ALBERT Nun darüber... wir werden sehen.

ERNST Ja, Albert.

(Sie hören einen Schritt und wenden sich um. VICTORIA ist eingetreten. Sie hat schon einiges von der Situation wahrgenommen, die sie nicht versteht. Und da ihr eine Erklärung nicht gegeben wird, will sie sie beenden.)

VICTORIA Warum schaut ihr zwei so trübselig drein?

ERNST Der Regen.

VICTORIA Oh, aber es wird gleich aufklaren; dann gehen wir in den Park reiten.

ERNST Das wird sehr nett sein, bestimmt!

VICTORIA Ich hoffe, Sie sind dabei, ihren Aufenthalt zu genießen, Vetter?

ERNST Sehr. Ich finde ihn höchst erfreulich.

VICTORIA Und Sie auch, Albert?

ALBERT Sie sind sehr freundlich, liebe Kusine. Wie könnte ich anders als mich wohlfühlen, wenn ich mit Ihnen zusammen bin?

VICTORIA Albert, das ist die erste artige Rede, die Sie je an mich gerichtet haben.

ALBERT Tut mir leid, Kusine.

VICTORIA Oh, aber ich mag das!

ALBERT Ich meine, dass es die erste war.

VICTORIA Nun, solange es nicht die letzte ist, macht es mir nichts aus.

ERNST Der Regen verzieht sich. Er hat aufgehört. Werden wir nun hinausgehen?

VICTORIA *(belehrend)* Vetter Ernst, ich habe alle nötigen Vorbereitungen getroffen. Wir werden hinausgehen, wenn wir aus- gehen und nicht vorher. Nebenbei – ha-

practised your music yet? At home, I was told, you practise every day.

ERNEST But here one cannot find the time.

VICTORIA Go, and do it now; and there will be time.

ERNEST I tried one of the pianos the day we arrived, Cousin. It was not in very good tune.

VICTORIA But that doesn't matter. You will be alone. No one will hear you.

ERNEST Generally, when we practise, Albert and I practise together.

VICTORIA Duets, you mean? Oh, but if the piano is out of tune, duets would be dreadful. Go and practise by yourself, Ernest; and Albert shall practise by *himself*, another time.

ERNEST Is it a command, Cousin?

VICTORIA My dear Ernest, I wouldn't think of commanding you. But I do want you to be quite at home here; and as you *always* practise at home, I want you to practise here, and now. We shall not start our ride for an hour. That gives you just time; so do go – now. *(COUSIN ERNEST is not pleased; but the little creature is so born to rule that she gets her way.)*

ERNEST Very well, Cousin... Albert, remember!
(He goes out, with a jerk of the head toward ALBERT, which conveys a meaning.)

VICTORIA How strangely Ernest spoke to you, then! Is anything the matter?

ALBERT *(with reserve)* Oh no; nothing serious.

VICTORIA You haven't been quarrelling, I hope?

ALBERT We never quarrel.

VICTORIA I think it would be very hard to quarrel with you, Albert. I couldn't.

ALBERT Please, don't ever try!

VICTORIA Some people are able to quarrel without trying.

ben Sie schon Musik gemacht? Daheim, so erzählte man mir, üben Sie jeden Tag.

ERNST Aber hier findet man keine Zeit.

VICTORIA Gehn Sie und tun Sie es jetzt – es ist Zeit.

ERNST Ich probierte eines der Klaviere, an unserem Ankunftstag, Kusine. Es war nicht sehr gut gestimmt.

VICTORIA Aber das macht nichts. Sie werden allein sein. Niemand wird Sie hören.

ERNST Gewöhnlich üben Albert und ich zusammen.

VICTORIA Vierhändig meinen Sie? Oh, aber wenn das Klavier verstimmt ist, würde vierhändig schrecklich klingen. Gehn Sie und üben Sie für sich allein, Ernst, und Albert soll für sich allein üben, ein andermal.

ERNST Ist das ein Befehl, Kusine?

VICTORIA Mein lieber Ernst, ich denke nicht daran, Ihnen zu befehlen. Aber ich möchte, dass Sie ganz hier zuhause sind; und da Sie zu Hause *immer* spielen, möchte ich, dass Sie es auch hier und jetzt tun. Wir gehen nicht reiten vor einer Stunde. Das gibt Ihnen gerade Zeit; so gehen Sie – jetzt.

(VETTER ERNST ist nicht erfreut; aber das kleine Geschöpf ist so zum Regieren geboren, dass sie ihren Willen bekommt.)

ERNST Sehr wohl, Kusine… Albert, denk dran!

(Er geht hinaus, mit einem bedeutungsvollen Kopfruck zu ALBERT hin.)

VICTORIA Wie sonderbar Ernst zu Ihnen gesprochen hat, vorhin! Ist etwas los?

ALBERT *(zurückhaltend)* Oh nein, nichts von Belang.

VICTORIA Ihr habt doch nicht gestritten, hoffe ich?

ALBERT Wir streiten nie.

VICTORIA Ich denke, es wäre sehr schwer, mit Ihnen zu zanken, Albert. Ich könnte es nicht.

ALBERT Bitte, probieren Sie es nie!

VICTORIA Manche Leute können streiten ohne zu proben.

ALBERT Yes.

(A pause.)

VICTORIA I suppose they like it.

ALBERT Yes, I suppose so.

(A pause.)

VICTORIA Won't you sit down, Albert?

(He takes a distant seat.)

Why don't you sit nearer? Talking then is so much easier.

(He comes towards her.)

ALBERT You are very kind, Cousin, ever since we came: to both of us, I mean.

VICTORIA I am very fond of Ernest.

ALBERT Yes, so am I.

(He sits down.)

VICTORIA You've always been together, haven't you?

ALBERT We've never been apart yet.

VICTORIA How very nice that has been – for both.

(A pause.)

Would it be a great trial to you, if you had to live away from him?

ALBERT Of course, the parting would be a trial. But one would get used to it – as to other things – if it had to be.

VICTORIA My life has been so different from yours. I have never had anyone always with me like that – one of my own age. All my life I have been so much alone, except, of course, with Mamma. I don't know what it can be like – to have a brother.

ALBERT One gets very fond of a brother.

VICTORIA Yes; but one can get fonder of someone else – can one not?

ALBERT It happens, sometimes.

(A pause.)

VICTORIA Albert! What are you doing?

ALBERT Ja.

(Pause.)

VICTORIA Ich vermute, sie mögen das.

ALBERT Ja, ich vermute auch.

(Pause.)

VICTORIA Wollen Sie sich nicht setzen, Albert?

(Er setzt sich etwas entfernt.)

Warum setzen Sie sich nicht näher her? Es ist dann so viel leichter sich zu unterhalten.

(Er kommt näher.)

ALBERT Sie sind sehr freundlich, Kusine, immer seit wir gekommen sind : zu uns beiden, meine ich.

VICTORIA Ich mag – Ernst sehr gern.

ALBERT Ja, ich auch.

(Er setzt sich.)

VICTORIA Ihr seid immer zusammen gewesen, nicht wahr?

ALBERT Wir waren noch nie getrennt.

VICTORIA Das war aber nett – für beide.

(Pause.)

Wäre es sehr schwer für Sie, wenn Sie getrennt von ihm leben müssten?

ALBERT Natürlich, die Trennung würde uns schwer fallen. Aber man würde sich daran gewöhnen – wie an manches andere – wenn es sein müsste.

VICTORIA Mein Leben war so verschieden von Eurem. Ich hatte nie jemanden, der immer so bei mir war – jemanden in meinem eigenen Alter. Mein Leben lang war ich so viel allein, außer natürlich bei Mama. Ich weiß nicht, wie es sein kann, einen Bruder zu haben.

ALBERT Man gewinnt einen Bruder sehr lieb.

VICTORIA Ja ; aber man kann jemand anderen noch lieber gewinnen, oder nicht?

ALBERT Es kommt manchmal vor.

(Pause.)

VICTORIA Albert ! Was machen Sie denn?

ALBERT I was listening to Ernest, practising. I can just hear him; it is Beethoven.

VICTORIA Don't listen to Ernest! You must listen to me!

ALBERT I beg your pardon? Cousin; I was listening. Please don't think I am inattentive.

VICTORIA *(after a long pause)* Albert... I have something to say to you.

ALBERT Yes... what is it, Cousin?

VICTORIA In my position, it is I who have to say it – unfortunately. Ordinarily it is not what a woman would wish to say herself. She would rather – *he* said it.

ALBERT Is there anything you wish me to say – that I can say?

VICTORIA *(tremulously)* To hear you say you *can* love me, is all I can hope – yet. If you could say that you already *do* love me, that would be – almost like Heaven.

ALBERT I do... love you, Cousin.

VICTORIA Enough to marry me?

ALBERT More than enough to marry you. For people in our position often marry without any love at all.

VICTORIA I couldn't do that – Albert.

ALBERT Nor could I – Victoria.

VICTORIA Then you will marry me?

ALBERT If it is still your wish – when you know me – I will, very gratefully and humbly, accept this dear hand that you offer me.

VICTORIA When I know you?

ALBERT Yes; for I, too, have something to say. A few minutes ago, I did not know about myself what I know now. Even now I have no proof. Yet something tells me that it is true.

VICTORIA Don't tell me – if it is anything I shouldn't wish to know, Albert.

ALBERT Ich habe Ernst beim Üben zugehört. Ich bemerke gerade, dass es Beethoven ist.

VICTORIA Hören Sie nicht auf Ernst! Sie müssen auf mich hören!

ALBERT Verzeihen Sie, Kusine, das habe ich getan. Bitte denken Sie nicht, ich sei unaufmerksam.

VICTORIA *(nach einer langen Pause)* Albert... ich muss Ihnen etwas sagen.

ALBERT Ja... worum geht es, Kusine?

VICTORIA In meiner Stellung bin ich es, die es sagen muss, leider. Eigentlich will eine Frau es nicht selber aussprechen. Es wäre ihr lieber – *er* würde es tun.

ALBERT Wünschen Sie irgendetwas, das ich sagen soll – das ich sagen kann?

VICTORIA *(zitternd)* Sie sagen zu hören, Sie *können* mich lieben, ist alles, was ich hoffen kann – vorerst. Wenn Sie aber sagen könnten, dass Sie mich *schon lieben*, das wäre – beinahe wie Himmel.

ALBERT Ich *liebe* Sie, Kusine.

VICTORIA Genug, um mich zu heiraten?

ALBERT Mehr als genug, Sie zu heiraten. Denn Leute in unserer Stellung heiraten oft ohne jede Liebe.

VICTORIA Ich könnte das nicht – Albert.

ALBERT Ich auch nicht – Victoria.

VICTORIA Dann willst du mich heiraten?

ALBERT Wenn es noch dein Wunsch ist – wenn du mich kennst – will ich, sehr dankbar und bescheiden, diese liebe Hand annehmen, die du mir bietest.

VICTORIA Wenn ich dich kenne?

ALBERT Ja; denn auch ich habe etwas zu sagen. Vor ein paar Minuten wusste ich nicht über mich, was ich jetzt weiß. Sogar jetzt habe ich keinen Beweis. Aber etwas sagt mir, dass es wahr ist.

VICTORIA Erzähl es mir nicht – wenn es etwas ist, das ich lieber nicht wüsste, Albert.

ALBERT But I must. My brother Ernest and I had the
    same mother; but not the same father.

VICTORIA I don't understand.

ALBERT I am sorry you should have to... My
    Mother and my Father *(Ernest's Father)* separated
    – after I was born. They did not love each
    other... My Mother must have loved someone
    else.

VICTORIA While she was married? *(His head makes
    silent assent.)* Before you were born – or after?

ALBERT Before.

VICTORIA Who?

ALBERT I don't know. So neither do I know who I am.
    Perhaps I shall never know. Yet there must still
    be someone who could tell me – more than I have
    been able to tell you... Shall I –? Do you wish
    me to go now? I had to tell you this.

VICTORIA Yes... of course.

ALBERT Then now – you wish me to go?

VICTORIA No... No... I wish you to stay. It makes
    no difference to *me*... And besides, who knows?

ALBERT Somebody must know. Ernest knows.

VICTORIA Ernest?

ALBERT It was he who told me. And his Father
    knows.

VICTORIA But his Father sent you here – let you
    come.

ALBERT Yes. But he hoped it would be Ernest.

VICTORIA How very silly of him!

ALBERT Why?

VICTORIA How could it possibly be Ernest, after I
    had seen you? ... Oh, Albert! Albert! What does
    it matter? It is not your Father that I shall marry:
    it is you!
    (And as she speaks they are in each other's arms.

ALBERT Aber ich muss. Mein Bruder Ernst und ich haben die selbe Mutter, aber nicht den selben Vater.

VICTORIA Das verstehe ich nicht…

ALBERT Es tut mir leid, dass du es musst… Meine Mutter und mein Vater (Ernstens Vater) trennten sich – nachdem ich geboren war. Sie liebten sich nicht… meine Mutter muss jemand anderen geliebt haben.

VICTORIA Während Sie verheiratet war? *(Er schweigt und nickt zustimmend.)* Bevor du geboren bist oder danach?

ALBERT Vorher.

VICTORIA Wer?

ALBERT Ich weiß nicht. So weiß ich auch nicht, wer ich bin. Vielleicht werde ich es nie wissen. Doch es muss jemanden geben, der es mir sagen kann – mehr als ich dir mitteilen konnte… Soll ich – ? Möchtest du, dass ich jetzt gehe? Ich musste dir das berichten.

VICTORIA Ja… natürlich.

ALBERT Nun denn – willst du, dass ich gehe?

VICTORIA Nein… nein… Ich möchte, dass du bleibst. Es macht für mich keinen Unterschied … und nebenbei, wer weiß es schon?

ALBERT Jemand muss es wissen. Ernst weiß es.

VICTORIA Ernst?

ALBERT Er war es, der es mir gesagt hat. Und sein Vater weiß es.

VICTORIA Aber sein Vater schickte dich doch hierher – ließ dich kommen.

ALBERT Ja. Aber er hoffte, es würde Ernst sein.

VICTORIA Wie töricht von ihm!

ALBERT Warum?

VICTORIA Wie sollte es möglich sein, Ernst zu wählen, nachdem ich dich gesehen habe? … Oh Albert, Albert! Was macht es aus? Es ist nicht dein Vater, den ich heiraten werde. Du bist es!

(Und wie sie redet, liegen sie einander in den Armen. Ihre

*Her passionate abandonment awakens response,
though of a more restrained nature.)*

ALBERT My very dear Cousin! My sweet Wife that
is to be.

VICTORIA Aren't you going to kiss me?

ALBERT If I may. *(The kiss is given.)*

VICTORIA Again, please! ... Again!

ALBERT I pray God you do not ever have to repent of
this.

VICTORIA Repent? How could I repent! It is not in
my nature, Albert. Besides, there isn't going to be
time. We must be married quite soon. Everybody
expects it.

ALBERT Expects it? They don't know!

VICTORIA Expects me to marry, I mean. I had to
choose *some*body. But I wasn't going to choose
*any*body.

ALBERT Not even Ernest?

VICTORIA Oh, I liked Ernest very much, from the
first... I do still.

ALBERT *(with a touch of humour)* Is that why you
sent him to practise? ... He *knew*.

VICTORIA That this was going to happen?

ALBERT No; he did not know *that*.

VICTORIA What, then?

ALBERT That you were going to ask me.

VICTORIA Well, then, what else could he suppose
would happen?

ALBERT He expected me to say no.

VICTORIA *(almost affronted)* But you couldn't have
said "No" to a Queen – could you, Albert?

ALBERT No, dear; one couldn't say "No" to a Queen.

VICTORIA But did you want to?

ALBERT No, Dearest One. All it means is that Ernest
will be disappointed.

leidenschaftliche Hingabe erweckt Erwiderung, wenn auch in mehr zurückhaltender Art.)

ALBERT Meine sehr liebe Kusine! Meine süße Frau, die du sein wirst!

VICTORIA Willst du mich nicht küssen?

ALBERT Wenn ich darf. *(Er küsst sie.)*

VICTORIA Nochmal, bitte! ... Nochmal!

ALBERT Ich bitte Gott, dass du das niemals zu bereuen hast.

VICTORIA Bereuen? Wie könnte ich bereuen! Das liegt nicht in meiner Natur, Albert. Nebenbei – dafür ist gar keine Zeit. Wir müssen sehr bald heiraten. Jedermann erwartet es.

ALBERT Erwartet es? Es weiß ja niemand.

VICTORIA Erwartet, dass ich heirate, meine ich. Ich musste *jemanden* wählen. Aber ich hatte nicht vor, *irgendjemanden* zu wählen.

ALBERT Nicht einmal Ernst?

VICTORIA Oh, ich mochte Ernst sehr... ich mag ihn noch.

ALBERT *(mit einer Spur Humor)* Hast du ihn deshalb zum Üben geschickt) ... Er wusste es.

VICTORIA Dass dies geschehen würde?

ALBERT Nein, *das* wusste er nicht.

VICTORIA Was dann?

ALBERT Dass du mich fragen würdest.

VICTORIA Nun, dann, was konnte er sonst vermuten, dass geschehen würde?

ALBERT Er erwartete, dass ich nein sagen sollte.

VICTORIA *(beinahe gekränkt)* Aber du hättest doch nicht «nein» sagen können zu einer Königin – oder?

ALBERT Nein, Liebes; man kann nicht «Nein» sagen zu einer Königin.

VICTORIA Aber wolltest du das?

ALBERT Nein, Allerliebste. Alles, was ich meine ist, dass Ernst enttäuscht sein wird.

VICTORIA Oh, I see. Poor Ernest! … Well, we must both try to be very nice and kind to him… And now it is quite time that we went for our ride.

ALBERT Isn't Ernest to come, too?

VICTORIA Why, yes, of course!

ALBERT Then won't you send and say he may stop practising? This hasn't taken an hour, you know.

(Enter ERNEST.)

VICTORIA Nor has he, either; for here he is. Are you ready to come riding, Ernest?

ERNEST Quite, if you are, Cousin.

VICTORIA Oh yes, we are quite ready *now*. Everything has been settled. Tell him, Albert.

ALBERT Ernest… You told me to remember… I *forgot*.

(ERNEST has only to look at them, and the awful situation is explained. It will also have to be explained elsewhere. For when VICTORIA says that a thing is settled, it is settled for good.)

VICTORIA Ah, ich verstehe. Armer Ernst! ...Nun, wir beide müssen versuchen, sehr nett und freundlich zu ihm zu sein... Und nun ist es schon beinahe Zeit, dass wir zum Reiten gehen.

ALBERT Soll Ernst nicht auch mitkommen?

VICTORIA Warum, ja, natürlich!

ALBERT Willst du dann nicht nach ihm schicken und sagen, er solle aufhören zu spielen? Dies war noch keine ganze Stunde, wie du weißt.

(ERNST tritt ein.)

VICTORIA Auch bei ihm nicht, denn da ist er. Bist du bereit, mit reiten zu kommen, Ernst?

ERNST Ganz, wenn du es bist, Kusine.

VICTORIA Oh ja, jetzt sind wir ganz bereit. Alles ist beschlossen. Sag's ihm, Albert.

ALBERT Ernst... Du hast mich ermahnt, daran zu denken ... Ich hab's vergessen.

(ERNST braucht nur auf sie zu schauen, und die schreckliche Situation ist erklärt. Sie wird auch anderswo erklärt werden müssen. Denn wenn VICTORIA sagt, dass etwas beschlossen ist, ist es beschlossen und in Ordnung.)

Enter Prince 1840

*In the same room in which she made her proposal
of marriage,* THE QUEEN *sits waiting, radiantly
happy, and expectant; and when one of her*
GENTLEMEN *opens the door to announce,* "HIS
ROYAL HIGHNESS, PRINCE ALBERT OF SAXE-COBURG
GOTHA," *she springs eagerly to her feet. The prince
enters; the door closes; and – for her, at any
rate – ceremony is over. But* THE PRINCE *remains
a little stiff.*

VICTORIA Good morning, Albert!

ALBERT Good morning, Victoria.

VICTORIA A kiss, please!

ALBERT *(conscientiously)* Three, if you prefer.

VICTORIA *(as she kisses him)* I would prefer so many –
more than we have time for, Dearest! ... But now
we have to talk business.

ALBERT *(stiffly)* Oh yes; business.

VICTORIA The time being now so short for getting
everything settled – as it must be settled.

ALBERT *(coldly)* I thought that you had settled everything for me already – before I came.

VICTORIA Almost; not quite. You see, Albert, you were
not altogether pleased with what I wrote to you in
my letters. Talking things over is so much better
and easier; because then I can explain. And I do so
want you to be quite satisfied with everything
I have arranged for you, and to understand that
I was right.

ALBERT I will do my best, Victoria, to be satisfied with
all that you say is necessary.

VICTORIA I am quite sure you will, Albert dear, now
that we are together, so that I can make everything

Auftritt des Prinzen

*In demselben Raum, in dem sie ihren Heiratsantrag
gemacht hatte, sitzt* DIE QUEEN *und wartet, strahlend
guter Dinge und voller Spannung; und als einer ihrer*
KAMMERHERREN *die Tür öffnet, um «* SEINE KÖNIG-
LICHE HOHEIT PRINZ ALBERT VON SACHSEN-COBURG-
GOTHA » *anzukündigen, springt sie eifrig auf. Der Prinz
tritt ein, die Tür schließt sich, und die Zeremonie ist
– für sie jedenfalls – vorbei. Aber* DER PRINZ *bleibt ein
wenig steif.*

VICTORIA Guten Morgen, Albert!

ALBERT Guten Morgen, Victoria.

VICTORIA Einen Kuss, bitte!

ALBERT *(bereitwillig)* Sogar drei, wenn du möchtest.

VICTORIA Ich möchte vieles gern, mehr als wir dafür Zeit
haben, Liebster! ... Aber jetzt müssen wir über Geschäftliches reden.

ALBERT *(steif)* Oh ja, Geschäftliches.

VICTORIA Weil nun die Zeit so kurz ist, um alles zu regeln
– wie es geregelt sein muss.

ALBERT *(kalt)* Ich dachte, du hättest für mich schon alles
geregelt – bevor ich kam.

VICTORIA Das meiste, nicht alles. Siehst du, Albert, du
warst nicht ganz einverstanden mit dem, was ich dir in
meinen Briefen schrieb. Etwas besprechen ist viel besser
und leichter, weil ich es dann erläutern kann. Und ich
möchte so gern, dass du ganz zufrieden bist mit allem,
was ich für dich eingerichtet habe, und dass du verstehst,
dass es so richtig ist.

ALBERT Ich will mein Bestes tun, Victoria, zufrieden zu
sein mit allem, was du für nötig hältst.

VICTORIA Ich bin ganz sicher, dass du es sein wirst, Albert,
Lieber, jetzt wo wir zusammen sind, so dass ich einfach

plain... Here is the list of all the things I want to speak about.

(She seats herself.)

ALBERT Oh yes.

VICTORIA Please sit down, Albert! I can't have you standing before me, when we are *alone*.

ALBERT Not even when I am receiving orders?

VICTORIA You mustn't call explanations "orders," Dearest! The only Order I have given you is my Order of the Garter, which I sent to you on the day when our betrothal was made public.

ALBERT That was a great honour – very gratifying.

VICTORIA What is the matter, Albert?

ALBERT Nothing. You give me everything that it is right for me to have.

VICTORIA Yes; I *like* giving it.

ALBERT I am sure you do.

VICTORIA Of course there are some things which must wait; and others which – for you – would not be suitable. Uncle Leopold wanted you to be made a Peer. But Lord Melbourne and I don't think it will do. A Peer, being a member of the House of Lords, has a voice in the government of the Country; and of course, in your case, that will be quite out of the question.

ALBERT So? I See.

VICTORIA It is so important for everyone to realise that, though you are my Consort, you will have nothing to do with politics.

ALBERT Am I not to take an interest in your politics?

VICTORIA Oh yes; you may take an interest, Albert – I would like you to. But I shall not discuss them with you, as I do with my Ministers, or ask your opinion about them. That would not be right.

ALBERT I See.

VICTORIA It is the duty of my Ministers to advise me on

alles sagen kann… Hier ist die Liste von allem, worüber ich reden will.

(Sie setzt sich.)

ALBERT Oh ja.

VICTORIA Bitte setz dich, Albert! Ich kann es nicht haben, wenn du vor mir stehst, wenn wir allein sind.

ALBERT Nicht einmal, wenn ich Befehle entgegennehme?

VICTORIA Du darfst Erklärungen nicht «Befehle» nennen, Liebster! Die einzige Order, die ich dir gegeben habe, ist der «Order of the Garter» [Hosenbandorden], den ich dir an dem Tag schickte, an dem unsere Verlobung veröffentlicht wurde.

ALBERT Das war eine große Ehre – sehr befriedigend.

VICTORIA Was hast du, Albert?

ALBERT Nichts. Du gibst mir alles, was für mich richtig ist.

VICTORIA Ja, das möchte ich dir geben.

ALBERT Davon bin ich überzeugt.

VICTORIA Natürlich gibt es einiges, was warten muss; und anderes, was – für dich – nicht passend wäre. Onkel Leopold wollte, dass du zum Peer gemacht wirst. Aber Lord Melbourne und ich finden nicht, dass das gut wäre. Ein Peer als Mitglied des Oberhauses hat eine Stimme in der Landesregierung; und in deinem Fall kommt das natürlich nicht in Frage.

ALBERT So? Aha.

VICTORIA Es ist wichtig, dass jedermann merkt, dass du, obwohl du mein Gemahl bist, nichts mit Politik zu tun hast.

ALBERT Soll ich mich denn nicht für eure Politik interessieren?

VICTORIA Oh doch, du kannst dich schon interessieren, Albert – das würde mir sogar gefallen. Aber ich will nicht mit dir darüber diskutieren, wie mit meinen Ministern, oder deine Meinung erfragen. Das wäre nicht recht.

ALBERT Aha.

VICTORIA Es ist die Pflicht meiner Minister, mich in allen

all affairs of State; and then – when I have heard them – either I give my consent, or I advise them differently. But they must never think that the advice I give them comes from anyone but myself.

ALBERT But you read, Victoria, books and newspapers; and you get some ideas from them, which help you to decide.

VICTORIA Oh yes, sometimes. But books and newspapers are different; they are quite impersonal.

ALBERT They are all written by persons.

VICTORIA Yes; but, in reading, one forgets that.

ALBERT Then some day I will write a book for you, Victoria; so that you may forget it is *me*.

VICTORIA Indeed, no, Albert! You couldn't write a book, and put your name to it. That would *never* do!

ALBERT Anonymously, my Dear; so that you need not know.

VICTORIA I hope, Albert, you will never do anything that I am not to *know*!

ALBERT But you are going to do many things that *I* am not to know.

VICTORIA Yes; but that is quite different. I am the reigning sovereign... but you, will be only –

ALBERT Yes? Only what?

VICTORIA – my own dear darling Husband: the only person I shall ever love more than I have loved anyone yet!

ALBERT That is just between ourselves, Victoria – we two alone. But what am I to be in public? Where do I find myself then?

VICTORIA *That* I was going to explain, Albert. Though I have quite decided that you cannot be a Peer, I shall make an Order in Council that

Staatsangelegenheiten zu beraten. Und dann, wenn ich sie angehört habe, gebe ich entweder meine Zustimmung oder ich rate ihnen anders. Aber sie dürfen nie denken, dass der Rat, den ich ihnen gebe, von jemand anderem als von mir kommt.

ALBERT Aber du liest doch, Victoria, Bücher und Zeitungen und erhältst einige Ideen von ihnen, die dir entscheiden helfen.

VICTORIA Oh ja, manchmal. Aber Bücher und Zeitungen sind etwas anderes. Sie sind ganz unpersönlich.

ALBERT Sie sind alle von Personen geschrieben.

VICTORIA Ja, aber beim Lesen vergisst man das.

ALBERT Dann will ich eines Tages ein Buch für dich schreiben, Victoria, so vergisst du vielleicht, dass *ich* es bin.

VICTORIA Also wirklich, nein, Albert! Du kannst doch nicht ein Buch schreiben und deinen Namen draufsetzen. Das geht keinesfalls.

ALBERT Anonym, mein Liebes, so dass du es nicht zu wissen brauchst.

VICTORIA Ich hoffe, Albert, du wirst niemals etwas tun, das ich nicht wissen soll!

ALBERT Aber du bist dabei, viele Dinge zu tun, die *ich* nicht wissen soll.

VICTORIA Ja; aber das ist etwas ganz anderes. Ich bin das regierende Staatsoberhaupt... aber du wirst nur...

ALBERT Ja? Nur was?

VICTORIA ...mein eigener sehr geliebter Ehemann sein, der einzige Mensch, den ich ein für allemal mehr liebe, als ich irgendjemanden je geliebt habe!

ALBERT Das ist nur zwischen uns beiden, Victoria – wir zwei allein. Aber was soll ich in der Öffentlichkeit darstellen? Wo habe ich dort meinen Platz?

VICTORIA Das wollte ich gerade erklären, Albert. Obwohl ich entschieden habe, dass du kein Peer sein kannst, werde ich im Rat deinen Vorrang vor allen Mitgliedern der

you are to take precedence of all other members of my Family. To that my two Uncles – the Duke of Cambdrige, and the Duke of Sussex – have quite agreed; for, of course, I had to ask them first.

ALBERT Of course.

VICTORIA To make it quite pleasant, I mean. But I should have done it in any case; since you are my first consideration; and *that* everybody will have to understand – even my Uncle Ernest, who may be a little difficult about it.

ALBERT Being himself a King, you mean?

VICTORIA Yes. But, when he comes here, the King of Hanover is not to think himself more important than the Prince, my Consort. I shall not allow it! If he means to, he must stay away.

ALBERT Decide that as you like, Victoria.

VICTORIA I have quite decided... And now for the next thing that I have here on my list... It is about our Honeymoon. Of course, it was very natural and dear of you, Albert, to wish that we should remain alone together for a longer time; but that is impossible. Two or three days are all that I can spare. When Parliament is sitting, I have to be consulted every day by my Ministers. Also I must have my Court about me: I cannot be alone.

ALBERT But for a Bride to appear in public after only the second day – will not that be rather embarrassing?

VICTORIA Oh no, Albert; for a Queen, not at all. We have to accustom ourselves to living in public. It is expected of us: people like it.

ALBERT And you like it, also?

VICTORIA *(feeling that she is being criticised)* I like to do what is *right*, Albert; when I am sure – as I am now.

Familie anordnen. Dem haben meine beiden Onkel – der Herzog von Cambridge und der Herzog von Sussex – zugestimmt. Denn natürlich musste ich sie zuerst fragen.

ALBERT Natürlich.

VICTORIA Um es ganz schicklich zu machen, meine ich. Aber ich hätte es auf jeden Fall so gemacht, da ich dich ja zuerst berücksichtigen will. Das wird jedermann verstehen müssen – sogar mein Onkel Ernst, der sich vielleicht ein bisschen schwer damit tut.

ALBERT Weil er selber König ist, meinst du?

VICTORIA Ja. Aber wenn er herkommt, soll der König von Hannover sich nicht für wichtiger halten als der Prinz, mein Gemahl. Ich erlaube es nicht! Wenn er das will, muss er wegbleiben.

ALBERT Entscheide das, wie du willst, Victoria.

VICTORIA Ich habe es bereits entschieden... Und nun zu der nächsten Sache auf meiner Liste hier... Es handelt sich um unsere Hochzeitsreise. Gewiss, es war sehr natürlich und lieb von dir, Albert, zu wünschen, dass wir längere Zeit allein bleiben sollten, aber das ist unmöglich. Zwei oder drei Tage sind alles, was ich erübrigen kann. Während der Sitzungsperioden des Parlaments muss ich täglich von meinen Ministern konsultiert werden können. Ich muss auch meinen Hof um mich haben: ich kann nicht allein sein.

ALBERT Aber ist es nicht für eine Braut recht peinlich, gleich nach dem zweiten Tag in der Öffentlichkeit zu erscheinen?

VICTORIA Oh nein, Albert; für eine Königin überhaupt nicht. Wir müssen uns daran gewöhnen, in der Öffentlichkeit zu leben. Es wird von uns erwartet, die Leute mögen das.

ALBERT Und du magst es auch?

VICTORIA *(fühlt sich kritisiert)* Ich möchte tun, was recht ist, Albert, wenn ich so sicher bin – wie jetzt.

ALBERT *(nerving himself to speak)* Are you sure, Victoria, that you are "right" to marry me?

VICTORIA Albert!

ALBERT It is going to be difficult to be – all that you wish.

VICTORIA But you are that already, Dearest! How can you think of such a thing? I have not told you before, how many others were offered me to choose from. But I could only choose *you*.

ALBERT That was very kind of you.

VICTORIA Though there was one whom all my Uncles would have much preferred.

ALBERT Indeed? Who was that?

VICTORIA My cousin, George of Cambridge. They thought that would be so much better than what they call a "foreign marriage." But I didn't wish it: nor, I think, did he. He came to see me again the other day – for the first time since the announcement: very kind and civil, but not at all embellished in his appearance, and evidently quite happy to be clear of me.

ALBERT A foreign marriage, they call it?

VICTORIA Yes; though already you speak English as well as he does. It is only your moustache that makes you look different.

ALBERT To cut *that* off will be quite easy – if you wish me to.

VICTORIA Oh no! I couldn't bear for you to do that!

ALBERT But if it would make me more popular... Have you read this?

(He puts a printed leaflet into her hand.)

VICTORIA *(as she begins reading it)* How did you get this, Albert?

ALBERT Quite a number of it was kindly sent to me by the post.

The verses which the Prince has given her to read

ALBERT *(sich zusammennehmend)* Bist du sicher, Victoria, dass du «recht hast», mich zu heiraten?

VICTORIA Albert!

ALBERT Es stellt sich als schwierig heraus – alles das zu sein, was du möchtest.

VICTORIA Aber das bist du doch schon, Liebster! Wie kannst du so etwas denken? Ich habe dir vorher nicht erzählt, wie viele andere mir schon angeboten wurden, darunter zu wählen. Aber ich konnte nur dich wählen.

ALBERT Das war sehr freundlich von dir.

VICTORIA Obwohl da einer war, den alle meine Onkel sehr vorgezogen hätten.

ALBERT Wirklich? Wer war das?

VICTORIA Mein Vetter George von Cambridge. Sie dachten, das wäre so viel besser, als was sie eine «Ausländer-Ehe» nennen. Aber ich wollte nicht, ich glaube, er auch nicht. Neulich besuchte er mich, das erste Mal seit der Ankündigung: sehr freundlich und kultiviert, dabei überhaupt nicht zurechtgemacht in seiner Erscheinung – und offensichtlich recht froh, von mir frei zu sein.

ALBERT Eine Ausländer-Ehe nennen sie es?

VICTORIA Ja; obwohl du schon so gut Englisch sprichst wie er. Es ist nur dein Schnurrbart, der dich anders aussehen lässt.

ALBERT Den wegzuschneiden wird ganz leicht sein – wenn du es möchtest.

VICTORIA Oh nein! Das möchte ich dir nicht zumuten.

ALBERT Aber wenn es mich volkstümlicher machen würde... Hast du dies gelesen?
(Er gibt ihr ein gedrucktes Blatt in die Hand.)

VICTORIA *(als sie zu lesen beginnt)* Wie bist du dazu gekommen, Albert?

ALBERT Eine ganze Anzahl wurde mir freundlicherweise durch die Post zugesandt.
Die Verse, die der Prinz ihr zu lesen gegeben hat, stam-

are from a broadsheet, hawked in the streets of
London at the time of the Royal Marriage, and run
as follows:
"His Royal Mistress, mournful and depressed,
Pined in his absence, whom she valued best –
Missed the hoarse whispers of his German tongue,
And the moustache above his lip that hung:
That dear moustache which caused her first to feel,
And filled her bosom with pre-nuptial zeal."

VICTORIA But how abominable! How dare anybody
write about you and *Me* like that?

ALBERT Your English public, that you so like, is just a
little difficult to please, that is all... it does not like
foreigners.

VICTORIA No; but they will not go on thinking of you
as a foreigner, after I have married you.

ALBERT No?

VICTORIA That would be impossible!

ALBERT It is not going to be easy for me to become
English all at once – just by marrying you, Victoria.

VICTORIA No; but all the arrangements I am making
for you will help, I am sure. For instance, about the
Gentlemen of your Household, whom I have chosen for you – you said you wished to choose them
yourself. But that is impossible, Albert.

ALBERT Why?

VICTORIA How can you choose them for yourself,
when you know nobody? At present they are all
strangers.

ALBERT Yes. So I would like to have for my Secretary
someone that I know, and can trust.

VICTORIA But he *must* be an Englishman, Albert. You
cannot possibly have a foreigner for your Private
Secretary.

men von einem Flugblatt, das in den Straßen von Lon-
don vertrieben wurde zu der Zeit der Königlichen Hoch-
zeit und lauten wie folgt:
«Seine Königliche Herrin, voller Trauer und betrübt
sehnt sich, wenn er weg ist, nach ihm, den sie liebt.
Sie vermisste seiner deutschen Zunge rauhes Flüstern
Und den Schnurrbart, der die Lippen ihm verhüllte;
diesen lieben Schnurrbart, der ihr Herz macht lüstern
und den Busen ihr mit bräutlichem Drang erfüllte.»

VICTORIA Aber wie abscheulich! Wie kann es jemand wagen, *so* über dich und Mich zu schreiben?

ALBERT Dein englisches Volk, das du so liebst, ist bloß ein
bisschen schwer zu befriedigen, das ist alles... es mag
keine Ausländer.

VICTORIA Nein; aber sie werden dich nicht länger als einen
Ausländer ansehen, nachdem ich dich geheiratet habe.

ALBERT Nein?

VICTORIA Das wäre unmöglich!

ALBERT Es wird wohl nicht leicht für mich sein, auf der
Stelle ein Engländer zu werden, bloß dadurch, dass ich
dich heirate, Victoria.

VICTORIA Nein; aber alles, was ich für dich veranlasse, wird
helfen, da bin ich sicher. Zum Beispiel, was die Herren
deines Haushalts betrifft, die ich für dich gewählt habe –
du sagtest, du wolltest sie selber wählen. Aber das ist
unmöglich, Albert.

ALBERT Warum?

VICTORIA Wie kannst du selber wählen, wenn du niemanden kennst? Noch sind es lauter Fremde für dich.

ALBERT Ja. Darum hätte ich gern jemanden, den ich kenne
und dem ich vertraue, als Sekretär.

VICTORIA Aber es muss ein Engländer sein, Albert. Du
kannst unmöglich einen Ausländer als Privatsekretär
haben.

ALBERT Why not? Is not your own Private Secretary, the Baroness Lehzen, a foreigner?

VICTORIA Oh, but that's different. Lehzen was my Governess. She has been with me all my life.

ALBERT That was before you became Queen.

VICTORIA Yes; but I could never let that prevent me from choosing my own Private Secretary.

ALBERT No? But it is to prevent me now, when I become your Husband.

VICTORIA Yes, Albert; that is quite different.

ALBERT I am to be given to strangers.

VICTORIA They won't remain strangers. I shall take the greatest care to find for you someone whom you will really like and trust.

ALBERT I would prefer to do that for myself.

VICTORIA I have already told you that is impossible, Albert. Please do not say it again!

(THE PRINCE rises quickly; then, restraining himself, he moves slowly to the window. THE QUEEN consults her list.)

Now, I wonder, is that all?

ALBERT *(turning)* Is there anything else that I am to learn this morning?

VICTORIA *(anxiously)* Has all this talking tired you?

ALBERT Oh no! I am not "tired." I am feeling too much alive! I would like to open this window. May I?

VICTORIA Oh, Albert, on such a cold day: do you think it wise?

ALBERT I do not know, Victoria. I only know that I would like to open it, for a little breath of fresh air.
(Before THE QUEEN can answer, one of her GENTLE-MEN enters to make announcement.)

GENTLEMAN If it please – your Majesty's Ministers are in attendance.

ALBERT Warum nicht? Ist nicht deine eigene Privatsekretärin, die Baroness Lehzen, eine Ausländerin?

VICTORIA Oh, das ist etwas anderes. Lehzen war meine
Gouvernante. Sie war mein ganzes Leben lang um mich.

ALBERT Das war, bevor du Königin wurdest.

VICTORIA Ja; aber ich möchte mich dadurch nicht abhalten
lassen, meine eigene Privatsekretärin zu wählen.

ALBERT Nein? Aber mich soll es nun abhalten, wenn ich
dein Ehemann werde.

VICTORIA Ja, Albert; das ist ganz was anderes.

ALBERT Ich soll Unbekannten ausgeliefert werden.

VICTORIA Sie werden keine Unbekannten bleiben. Ich will
mit der größten Sorgfalt jemanden für dich finden, den
du wirklich mögen wirst und dem du vertrauen kannst.

ALBERT Ich würde es vorziehen, das selber zu tun.

VICTORIA Ich habe dir schon erklärt, dass es unmöglich ist,
Albert, bitte sag das nicht nochmal.
(DER PRINZ *erhebt sich schnell; dann geht er, sich beherr-
schend, langsam zum Fenster.* DIE QUEEN *blickt auf ihre
Liste.*)
Nun, mal sehn, ob das alles ist.

ALBERT *(sich umwendend)* Gibt es noch etwas, das ich heute
morgen erfahren soll?

VICTORIA *(besorgt)* Hat all das Reden dich ermüdet?

ALBERT Oh nein! Ich bin nicht «müde»! Ich fühle mich
nur allzu lebendig. Ich würde gern das Fenster öffnen.
Darf ich?

VICTORIA Oh Albert, an so einem kalten Tag; denkst du, das
ist gescheit?

ALBERT Ich weiß nicht, Victoria. Ich weiß nur, dass ich es
gern öffnen würde. Ich brauche ein bisschen frische Luft.
(*Bevor* DIE QUEEN *antworten kann, tritt einer ihrer* HER-
REN *ein und macht eine Ankündigung.*)

HERR Wenn es gefällig ist – die Minister Eurer Majestät
sind zur Stelle.

VICTORIA Oh, Albert dear, now I must go, then. I do hope you will be able to amuse yourself. There is the Library, you know.

ALBERT I think that my friend, Baron Stockmar, will be waiting to see me.

VICTORIA Oh yes. Then see him at once; and when I come back, we will go out together.

(The GENTLEMAN has gone; but as she moves to the door it opens and closes again behind her. THE PRINCE sinks down into a seat in deep dejection, and is so sitting, when the door is discreetly opened, and BARON STOCKMAR enters. He stands for a moment looking at THE PRINCE with kindly understanding, then speaks.)

STOCKMAR Does your Highness's servant intrude?

ALBERT Come in, Baron.

(He rises, and moves despondently away.)

STOCKMAR They informed me that your Highness was now ready to receive me.

ALBERT I am at liberty for a short time, Baron. Yes? Was there something you wished to speak to me about?

STOCKMAR A good many things, if there is time. But – pardon! – your Royal Highness does not seem in very good spirit to-day.

ALBERT Indeed, I have been merrier!

STOCKMAR Shakespeare.

ALBERT Yes; I have been reading Shakespeare a good deal lately – in English.

STOCKMAR And how does your Highness find him?

ALBERT I find him – like the English people – rather hard to understand.

STOCKMAR Your Highness has not been in the country very long. Just at first, the people – like their language – are a little difficult. And so – your position also.

ALBERT Difficult! Impossible! Baron, it is now a question whether I can – go on!

VICTORIA Oh Albert, Lieber, dann muss ich jetzt gehen. Ich
hoffe, du wirst dich selber unterhalten können. Da ist die
Bibliothek, wie du weißt.

ALBERT Ich denke, dass mein Freund Baron Stockmar auf
mich wartet.

VICTORIA Oh ja. Dann lass ihn gleich herein; und wenn ich
wieder komme, wollen wir zusammen ausgehen.
(Der HERR *ist gegangen. Aber als sie zur Tür geht, öffnet
sich diese und schließt sich wieder hinter ihr.* DER PRINZ
*sinkt in einen Sessel, in tiefer Niedergeschlagenheit, und
sitzt da, als die Tür leise aufgeht und* BARON STOCKMAR
eintritt. Der steht einen Augenblick und schaut mit
freundlichem Verstehen auf den* PRINZEN, *dann redet er.)*

STOCKMAR Darf der Diener Eurer Hoheit eintreten?

ALBERT Kommen Sie herein, Baron.
(Er erhebt sich und wendet sich weg.)

STOCKMAR Man sagte mir, Eure Hoheit sei bereit, mich zu
empfangen.

ALBERT Ich bin kurze Zeit frei, Baron. Ja? Gibt es etwas,
worüber Sie mit mir sprechen möchten?

STOCKMAR Eine ganze Menge, wenn Zeit ist. Aber – Verzeihung! – Eure Königliche Hoheit scheint heute nicht
in sehr guter Stimmung zu sein.

ALBERT Wahrhaftig, ich bin schon fröhlicher gewesen!

STOCKMAR Shakespeare.

ALBERT Ja; ich habe ziemlich viel Shakespeare gelesen in
letzter Zeit – auf Englisch.

STOCKMAR Und wie findet Eure Hoheit ihn?

ALBERT Ich finde ihn – wie das englische Volk – ziemlich
schwer zu verstehen.

STOCKMAR Eure Hoheit ist noch nicht sehr lange im Land.
Nur zuerst sind die Leute – wie ihre Sprache – ein wenig
schwierig. Und so auch – Eure Stellung.

ALBERT Schwierig! Unmöglich! Baron, es ist es jetzt die
Frage, ob ich überhaupt – weitermachen kann.

STOCKMAR *(in consternation)* Oh! Your Highness! but that is incredible! You cannot break off from marriage with a Queen!

ALBERT What does he become, who marries a Queen?

STOCKMAR That – depends.

ALBERT On what?

STOCKMAR On who means to be master.

ALBERT There you have it! She is that already; her great position gives it her.

STOCKMAR No doubt... till she gives it to *you*.

ALBERT She will never do that – willingly!

STOCKMAR Oh yes... she will... she will.

ALBERT But how is it possible? Why should she?

STOCKMAR She loves you – very much.

ALBERT Too much! but not as I would wish to be loved. I am not to belong to myself any more.

STOCKMAR Patience, patience! It will come in time.

ALBERT And what – meanwhile? Have you thought enough about that?

STOCKMAR Yes... yes... For my beloved Prince there is going to be a hard time... But he will win.

ALBERT But, Baron, how can I – fight for myself against one who – so loving, and so generous – is giving me *every*thing, as the world sees it?

STOCKMAR Will your Highness listen to one who, in his life, has had much experience: not indeed just alone with himself, but from watching others? ... This little Queen – still so young, so pleased, and proud of herself, as she is now: of her position, her importance, her power – as she thinks. It will not go on. Her Ministers flatter her, making things easy for her – and for themselves. Presently she will have to change her

STOCKMAR *(bestürzt)* Oh! Eure Hoheit! Das ist ja unglaublich! Sie können doch nicht die Verbindung mit einer Königin abbrechen!

ALBERT Was hat einer davon, wenn er eine Königin heiratet?

STOCKMAR Das – kommt darauf an.

ALBERT Worauf?

STOCKMAR Darauf, wer Meister sein will.

ALBERT Da haben Sie es! Sie ist es schon; ihre große Stellung gibt es ihr.

STOCKMAR Ohne Zweifel... bis sie es an *Sie* gibt.

ALBERT Das wird sie niemals tun – freiwillig.

STOCKMAR Oh doch... sie wird... sie wird.

ALBERT Aber wie wäre das möglich! Warum sollte sie?

STOCKMAR Sie liebt Sie – sehr.

ALBERT Zu sehr! Aber nicht, wie ich geliebt sein möchte. Ich soll mir nicht mehr selber gehören.

STOCKMAR Geduld, Geduld! Mit der Zeit wird es schon werden.

ALBERT Und was – bis dahin? Haben Sie genug darüber nachgedacht?

STOCKMAR Ja... ja... Für meinen geliebten Prinzen wird es eine harte Zeit sein ... Aber er wird gewinnen.

ALBERT Aber, Baron, wie kann ich für mich kämpfen gegen eine, die – so liebend und großzügig – mir *alles* gibt, in den Augen aller Welt?

STOCKMAR Will Eure Hoheit einem zuhören, der in seinem Leben schon viele Erfahrungen gesammelt hat: durchaus nicht nur für seine Person, sondern vom Beobachten anderer? ... Diese kleine Königin – noch so jung, so zufrieden und stolz auf sich, wie sie jetzt ist, auf ihre Stellung, ihre Wichtigkeit, ihre Macht – wie sie denkt. Es wird nicht so weitergehen. Ihre Minister schmeicheln ihr und machen die Dinge leicht für sie – und für sich selber. Bald wird sie ihre Minister auswechseln müssen, gegen

Ministers for others whom she does not so much like, or so much trust. Then it will be *your* turn. She will come to you – for help... And, besides *(THE BARON is now smiling)* – have you ever looked at yourself, enough to know how handsome you are? No, do not laugh! Look at yourself, my Prince! look! *(He leads THE PRINCE up to a mirror.)* Some day – it may be quite soon – she will become a mother – of *your* children. Then, my Prince, if she still loves you, you will not be her Puppet, nor her Plaything any more. You will be *King.*

ALBERT King?

STOCKMAR Oh! The title does not matter; that is no-thing! You have a head of your own, my Prince, that you know and can use – well. And if you keep your head *now*, you are not going to have it cut off – not by her, nor by anybody. No! ... By your Highness's leave, now I go... I have said what I came to say.

(Whereupon, he bows himself out. THE PRINCE returns to the mirror, and stands looking at himself. And if he does not see there a full prophecy of what is to be, at least he sees nothing to make him despair.)

andere, die sie nicht so sehr mag oder denen sie nicht so vertraut. Dann sind *Sie* an der Reihe. Sie wird zu Ihnen kommen – um Hilfe... Und, nebenbei. *(Der* BARON *lächelt nun)* – haben Sie sich jemals selber betrachtet, genug um zu wissen, wie gut Sie aussehen? Nein, lachen Sie nicht! Schauen Sie sich an, mein Prinz! Schauen Sie! *(Er führt den* PRINZEN *vor einen Spiegel.)* Eines Tages, vielleicht ganz bald – wird sie Mutter werden – von *Ihren* Kindern. Dann, mein Prinz, wenn sie Sie noch liebt, werden Sie nicht länger ihre Marionette sein, oder ihr Spielzeug. Sie werden König sein.

ALBERT König?

STOCKMAR Der Titel tut nichts zur Sache, er bedeutet nichts. Sie haben einen eigenen Kopf, mein Prinz, den Sie kennen und gut gebrauchen können. Und wenn Sie ihn *jetzt* oben behalten, wird er Ihnen nicht abgeschnitten werden – weder von ihr noch von sonst jemanden. Nein! ... Mit Eurer Hoheit Erlaubnis gehe ich jetzt... Ich habe gesagt, was ich zu sagen gekommen bin.

(Worauf er sich hinauskomplimentiert. Der PRINZ *kehrt zum Spiegel zurück und steht, sich selber betrachtend. Und wenn er auch darin keine volle Prophezeihung sieht für das, was kommt, so sieht er wenigstens auch nichts, was ihn verzweifeln lassen müsste.)*

Morning Glory 11th February 1840

A bell has just sounded. Into THE PRINCE'S *dressing-room at Windsor, where two candles are already burning, comes an elderly Valet. With deft
movement, and the utmost correctitude of deport-
ment, he places hot water, razors, soap, shaving-
brush, and towel. He then proceeds to lay out in
orderly sequence* THE PRINCE'S *clothing for the
day; then goes to the window, draws back the curtains, raises the blind, and puts out the candles.
The sun is already well up, for the hour is late.
Having done all, he stands to attention, and waits.
A door opens;* PRINCE ALBERT *enters, in a fine bro-
caded dressing gown, and a silk night-cap of
rather Eastern design, in which he looks well.*

ALBERT That will do. I will shave myself this morning. When I want you, I will ring.
*(The Valet makes a short bow, and retires. the
prince goes to the glass, throws of his night-cap,
and, taking up a comb, passes it through the long
locks of his rather disordered hair. He then un-
cords his dressing gown, sits down, and, remov-
ing his fur-edged slippers, draws on a pair of pan-
taloons. He rises, resumes his slippers, and advances to the dressing-table. Opening the collar
of his night-shirt, he prepares to shave himself,
and is already applying the lather, when there
comes a light tabbering on the door by which he
has just entered. He turns a little surprised; the
door opens: it is* THE QUEEN. *At first we only see
her head, in a pretty frilled night-cap, with the
strings hanging loose; but presently she is all
there, wearing a rose-coloured dressing·gown,*

Morgenseligkeit

Eben hat es geläutet. In den Ankleideraum des PRINZEN
*auf Windsor, wo schon zwei Kerzen brennen, kommt ein
älterer Diener. Mit geschickter Bewegung und tadellosem
Betragen bereitet er heißes Wasser, Rasiermesser, Seife,
Rasierpinsel und Handtuch vor. Dann fährt er fort, in
ordentlicher Reihenfolge die Kleider des* PRINZEN *für den
Tag zurechtzulegen, geht dann ans Fenster, zieht die
Vorhänge zurück und den Rolladen hoch und löscht die
Kerzen. Die Sonne steht schon ziemlich hoch, denn die
Stunde ist spät. Nachdem er alles getan hat, steht er auf-
merksam da und wartet. Eine Tür geht auf und* PRINZ
ALBERT *tritt ein in einem feinen Brokat-Morgengewand
und einer seidenen Nachtmütze in fast orientalischem
Muster, die ihm gut steht.*

ALBERT Das genügt. Ich will mich heute früh selber rasieren.
Wenn ich Sie brauche, werde ich klingeln.
*(Der Diener macht eine kurze Verbeugung und zieht sich
zurück. Der* PRINZ *geht zum Spiegel, zieht seine Nachtmütze herunter, nimmt einen Kamm und zieht ihn durch
die langen Locken seiner ziemlich unordentlichen Haare.
Dann bindet er die Kordel seines Morgenmantels auf,
setzt sich, schlüpft aus den pelzeingefassten Pantoffeln
und zieht Beinkleider an. Er erhebt sich, steigt wieder in
die Pantoffeln und geht zum Toilettentisch. Er öffnet den
Kragen seines Nachthemds und schickt sich an, sich zu
rasieren. Er trägt bereits den Seifenschaum auf, als ein
leichtes Tappen von der Tür kommt, durch die er gerade
eingetreten war. Er wendet sich etwas überrascht um; die
Tür geht auf: es ist* DIE QUEEN. *Erst sehen wir nur ihren
Kopf, in einem hübsch gerüschten Nachthäubchen, an
dem die Bänder lose herabhängen; aber gleich ist sie
ganz da; sie trägt einen rosenfarbenen Morgenmantel*

and over it a white Cashmere shawl with long
fringes. She looks very happy and charming.)

THE QUEEN Albert, may I come in?

ALBERT Yes, Dearest, if you wish to.

(She gazes in pleased astonishment at a spectacle
she has never seen before: the solid foam of shav-
ing-soap on a human countenance is something
quite new to her.)

THE QUEEN What are you doing?

ALBERT Shaving.

THE QUEEN Oh! How exciting! May I stay, and watch
you?

ALBERT If it would interest you, Weibchen.

THE QUEEN But, of course! to see you shaving is wonderful! Something I never thought of.

ALBERT Oh? Did you think one did not have to shave
at all?

THE QUEEN I never thought about it – till now... You
see, Albert, I have never seen a man shave himself
before.

ALBERT No, I suppose not.

THE QUEEN How often do you have to do it? Once a
week?

ALBERT Every day.

THE QUEEN Every day! But how absurd! It can't grow
as fast as all that.

ALBERT O yes, it does.

THE QUEEN How very troublesome! Why, I only cut
my *nails* once a week.

ALBERT Nails can wait longer; beards won't.

THE QUEEN I wouldn't like you to have a beard, Albert!

ALBERT Nor would I. That's why I am taking it off
now.

(Having sufficiently lathered, he now begins to
shave.)

und darüber einen weißen Kaschmir-Schal mit langen
Fransen. Sie sieht sehr fröhlich und bezaubernd aus.)

DIE QUEEN Albert, darf ich hereinkommen?

ALBERT Ja, Liebste, wenn du magst.

(Sie blickt mit frohgemutem Staunen auf ein Schauspiel,
das sie noch nie gesehen hat: Der steife Schaum von
Rasierseife auf einem menschlichen Gesicht ist etwas
ganz Neues für sie.)

DIE QUEEN Was machst du?

ALBERT Rasieren.

DIE QUEEN Wie aufregend! Darf ich bleiben und dir zusehen?

ALBERT Wenn es dich interessiert, Weibchen.

DIE QUEEN Aber natürlich! Dich rasieren sehen ist wunderbar. An so was habe ich nie gedacht.

ALBERT Dachtest du, man braucht sich überhaupt nicht zu
rasieren?

DIE QUEEN Ich habe nie darüber nachgedacht – bis jetzt…
Weißt du, Albert, ich habe nie einen Mann sich rasieren
sehen.

ALBERT Nein, das nehme ich nicht an.

DIE QUEEN Wie oft musst du es machen? Einmal in der
Woche?

ALBERT Jeden Tag.

DIE QUEEN Jeden Tag! Aber wie merkwürdig. Es kann doch
nicht so schnell wachsen.

ALBERT Oh doch, das tut's.

DIE QUEEN Wie mühsam! Also – ich schneide meine Nägel
nur einmal in der Woche.

ALBERT Nägel können länger warten, Bärte nicht.

DIE QUEEN Ich wollte nicht, dass du einen Bart hättest,
Albert!

ALBERT Ich auch nicht. Deshalb mach ich ihn jetzt weg.
(Er hat sich nun genug eingeseift und beginnt sich zu
rasieren.)

THE QUEEN How strange it looks! ... and how interesting! – fascinating! ... Is it dangerous?

ALBERT Not if you don't talk to me –

THE QUEEN *(a little startled)* Oh!

ALBERT – not just while I am stroking myself.

THE QUEEN Stroking yourself! Oh, Albert, you are funny!

ALBERT Is that not the right word? Ought I to have said "wiping myself" – or what?

THE QUEEN Really, I'm not sure, Albert. It's a part of the English language, which – from not having to know – I've not been taught.

ALBERT Ah, Vicky! It is nice to hear you say that! Then you, too, do not know the English language quite like a native. For that – if it were not for the soup – I would kiss you.

THE QUEEN The soup?

ALBERT This, I mean.

THE QUEEN Oh! not "soup," Albert darling. *Soap!*

ALBERT Ah! Soap, then.

THE QUEEN But I don't mind the soap, Albert – *your* soap – if you would like to.

ALBERT Very well, then; now I will.
(Having wiped his lips, he kisses her, and then goes on with his shaving.)

THE QUEEN Let me see what you do it with.
(He gives her a razor; she takes it, and examines the edge.)
Oh! how sharp it is!

ALBERT Yes, it does have to be sharp – always.

THE QUEEN. Does it hurt?

ALBERT No.

THE QUEEN Do you ever cut yourself?

ALBERT No; not when I am alone. I had a valet once, that used to shave me, before I knew how for

84

DIE QUEEN Wie seltsam das aussieht! Und wie interessant!
... Faszinierend! ... Ist es gefährlich?

ALBERT Nicht, wenn du mich nicht anredest...

DIE QUEEN *(ein wenig erschrocken)* Oh!

ALBERT ...während ich mich streichle.

DIE QUEEN Während du dich streichelst! Oh Albert, du bist
spaßig.

ALBERT Ist das nicht das richtige Wort? Hätte ich sagen sollen «mich wische» – oder was?

DIE QUEEN Wirklich, ich bin nicht sicher, Albert. Es ist ein
Teil der englischen Sprache, den ich nie gelernt habe,
weil ich ihn nicht wissen musste.

ALBERT Ach Vicky! Es ist nett, dich das sagen zu hören!
Dann kannst auch du die englische Sprache nicht ganz
so wie ein Einheimischer. Dafür – wenn nicht die Suppe
wäre – würde ich dich gern küssen.

DIE QUEEN Die Suppe?

ALBERT Dies meine ich.

DIE QUEEN Oh, nicht Suppe, Albert, Liebling. Seife!

ALBERT Ah! Also Seife.

DIE QUEEN Aber mir macht die Seife nichts aus – *deine* Seife
– wenn du gern möchtest...

ALBERT Sehr gut, dann will ich.
*(Nachdem er seine Lippen abgewischt hat, küsst er sie
und fährt dann mit dem Rasieren fort.)*

DIE QUEEN Lass mich sehn, womit du das machst.
*(Er gibt ihr das Messer, sie nimmt es und prüft die
Schneide.)*
Oh! Wie scharf es ist!

ALBERT Ja, es muss scharf sein – immer.

DIE QUEEN Verletzt es?

ALBERT Nein.

DIE QUEEN Schneidest du dich jemals?

ALBERT Nein. Nicht wenn ich allein bin. Ich hatte einmal
einen Bedienten, der mich zu rasieren pflegte, bevor ich

myself. One day, he cut me, rather badly. After that, I had to learn; and for a long time, shaved only myself.

THE QUEEN And what happened to him?

ALBERT Oh, he had his head cut off, I suppose... I did not inquire. I sent him out of the room, and told him never to come back. And oh, how he ran! *(He laughs.)*

THE QUEEN And then?

ALBERT Then the Court Physician came running in a terrible fright, for the man having told him. He thought to find me bleeding to death.

THE QUEEN To death? Why?

ALBERT Because, my Dear, my brother Ernest – and his father – once so nearly did. But that did not happen to *me*... I am not that way, you see. What I told you makes the difference.

THE QUEEN Oh, Albert! Then that "difference" has, perhaps, saved your life?

ALBERT Possibly.

THE QUEEN Then, how thankful I really ought to be.

ALBERT To my Mother, and my Father, you mean?

THE QUEEN Yes... Albert, suppose you had died before we got married, *could* I have married anyone else?

ALBERT Of course, Dearest. You had to marry someone. You could not disappoint your people by not giving them an heir to the Throne.

THE QUEEN Oh, Albert! Shall I? Will that really happen?

ALBERT We will hope so, Dearest – in time.

THE QUEEN In time? I hope it will be very soon. Oh, isn't it wonderful? We really are – married now, aren't we?

ALBERT *(covertly amused)* Yes, Weibchen, I think so.

es selber konnte. Eines Tages schnitt er mich, ziemlich übel. Danach musste ich es lernen, und seit langer Zeit rasiere ich mich nur selber.

DIE QUEEN Und was geschah mit ihm?

ALBERT Oh, er wurde wohl enthauptet... Ich habe mich nicht erkundigt. Ich schickte ihn hinaus und befahl ihm, nie wieder zu kommen. Und wie er rannte!

(Er lacht.)

DIE QUEEN Und dann?

ALBERT Dann kam der Hofarzt angerannt in einem furchtbaren Schrecken, denn der Mann hatte es ihm mitgeteilt. Er dachte, er würde mich zu Tode blutend vorfinden.

DIE QUEEN Zu Tode? Warum?

ALBERT Weil, meine Liebe, mein Bruder Ernst – und sein Vater – es einmal beinahe taten. Aber mir passierte das nicht... ich bin nicht dergleichen, weißt du. Was ich dir erzählte, macht den Unterschied.

DIE QUEEN Oh Albert! Dieser Unterschied hat vielleicht dein Leben gerettet.

ALBERT Möglich.

DIE QUEEN Wie dankbar sollte ich dann wirklich sein.

ALBERT Meiner Mutter und meinem Vater meinst du?

DIE QUEEN Ja... Albert, stell dir vor, du wärst gestorben, ehe wir heirateten, könnte ich denn jemand anderen genommen haben?

ALBERT Natürlich, Liebste... du musstest jemanden heiraten. Du konntest dein Volk nicht enttäuschen, indem du ihm den Thronfolger vorenthalten hättest.

DIE QUEEN Oh Albert! Werde ich? Wird das wirklich geschehen?

ALBERT Wir wollen es hoffen, Liebste – eines Tages.

DIE QUEEN Eines Tages? Ich hoffe, es wird sehr bald sein. Oh, ist es nicht wunderbar? Wir sind wirklich – verheiratet jetzt, nicht wahr?

ALBERT *(im Stillen belustigt)* Ja, Weibchen, ich denke schon.

THE QUEEN Yesterday seems almost like another
world – so different. All the crowds, and the
cheering, and the firing, and the bells: and thousands and thousands of people all looking at us,
as if we belonged to them: as, of course, in a way,
we do... And now we are all by ourselves – all
alone – just we two.

ALBERT Yes, all alone – just we two. Shall I be able
to make you happy, – you think? ... You *are*
happy?

THE QUEEN Happy? So happy, I can't – I can't tell
you, Albert! ... And to think that this will go
on, and on, for years and years... It's like
Heaven!

ALBERT No, Vicky, not just like this – that is not
possible... That is not human nature.

THE QUEEN But I shall never love you less than I do
now, Albert.

ALBERT No, Dearest, perhaps not. But you will be
less excited about it – less romantic, perhaps. I
shall have become less strange to you. We love
each other, but we are still both rather strangers.
We have to learn each other's characters – and
ways. That will take time...

*(She shakes her head fondly, confident that she
knows him already – by heart.)*

ALBERT Oh yes... You have come to see me shave
to-day – for the first time. That pleases – that
excites you. But it will not always excite you as
much as to-day. You will not come, I think, to see
me shave every day – for the next twenty years.

THE QUEEN Why not?

ALBERT Because, Dearest, you will have too much
else to do. Also you will know so well what it
looks like, which to-day you see only the first

DIE QUEEN Gestern erscheint beinahe wie eine andere Welt
– so ganz anders. Die ganze Menge und der Jubel und
das Schießen und die Glocken. Und Tausende und Aber-
tausende von Menschen, die auf uns schauten, wie wenn
wir zu ihnen gehörten: was wir natürlich in gewissem
Sinn auch tun... Und jetzt sind wir ganz für uns – ganz
allein – nur wir zwei.

ALBERT Ja, ganz allein, nur wir zwei. Wird es mir gelingen,
dich glücklich zu machen, was meinst du? ... *Bist* du
glücklich?

DIE QUEEN Glücklich? So glücklich, ich kann es – ich kann
es dir nicht sagen, Albert! ... Und zu denken, dass dies
weitergehen soll, und weiter für Jahre und Jahre... Es
ist wie im Himmel.

ALBERT Nein, Vicky, so doch nicht – das ist nicht möglich...
das entspricht nicht der menschlichen Natur.

DIE QUEEN Aber ich werde dich niemals weniger lieben als
jetzt, Albert.

ALBERT Nein, Liebste, vielleicht nicht. Aber du wirst weniger aufgeregt dabei sein – weniger romantisch vielleicht.
Ich werde dir weniger fremd sein. Wir lieben einander,
aber wir sind uns noch ziemlich fremd. Wir müssen noch
jedes des anderen Persönlichkeit kennen lernen – und
seine Gewohnheiten. Das wird Zeit brauchen.
*(Sie schüttelt den Kopf. zärtlich, zuversichtlich, dass sie
ihn schon kennt – mit dem Herzen.)*

ALBERT Oh ja... Du bist gekommen, um mir beim Rasieren
zuzuschauen – heute, das erste Mal. Das gefällt dir, regt
dich auf. Aber es wird dich nicht immer so aufregen wie
heute. Du wirst nicht kommen, denke ich, mich jeden
Tag rasieren zu sehen – die nächsten zwanzig Jahre.

DIE QUEEN Warum nicht?

ALBERT Weil du, Liebste, zu viel anderes zu tun haben wirst.
Du wirst auch genau genug wissen, wie es vonstatten
geht, was du heute nur zum ersten Mal siehst. So ist es

time. So, that it should become less of a spectacle, is only reasonable.

THE QUEEN I don't want to be reasonable with *you*, Albert!

ALBERT But you *will* want – in time, I hope, Vicky. So shall I. You have a great life of duties to perform, in which I am to share. Is that not so?

THE QUEEN We can't share everything, Albert. Some things I shall have to do alone – affairs of State, in which it would not be right for you to concern yourself.

ALBERT *(a little sharply)* So?

THE QUEEN Yes. You must take great care, Dearest. The English are jealous; and to them you are still a foreigner.

ALBERT And – to *you*?

THE QUEEN To me you are everything – life, happiness, peace, and comfort! When I am with you, I shall want to forget everything – except our love. *(It is a prospect over which, as she flings herself into his arms, she looks more happy than he does. All at once, from the Terrace outside, comes a burst of music. With the happy excitement of a child, she draws him to the window, and points.)* Hark! Look! That is the Band of my Royal Life Guards. I gave orders for it to be here this morning an hour earlier – so that we might hear it before we came down... I thought you would like it.

ALBERT Oh yes; it is very good music.

THE QUEEN What is it they are playing?

ALBERT You do not know?

THE QUEEN No. I only said that some suitable pieces were to be chosen – it being such a special occasion. What is it?

nur vernünftig, dass es ein weniger spannender Anblick sein wird.

DIE QUEEN Ich möchte nicht vernünftig sein, was dich angeht, Albert!

ALBERT Aber du wirst es wollen – mit der Zeit, hoffe ich, Vicky. Ich will es auch. Du musst ein großes Leben mit Pflichten führen, an denen ich teilnehmen muss. Ist es nicht so?

DIE QUEEN Wir können nicht alles gemeinsam machen, Albert. Manche Sachen muss ich allein tun – Staatsangelegenheiten, wo es nicht recht für dich wäre, dich zu beteiligen.

ALBERT *(ein wenig scharf)* So?

DIE QUEEN Ja. Du musst achtgeben, Liebster. Die Engländer sind eifersüchtig. Und für sie bist du noch ein Ausländer.

ALBERT Und für dich?

DIE QUEEN Für mich bist du alles – Leben, Gück, Friede und Trost. Wenn ich mit dir zusammen bin, möchte ich alles vergessen außer unserer Liebe.

(Mit dieser Aussicht wirft sie sich in seine Arme. Sie schaut glücklicher aus als er. In diesem Augenblick bricht draußen auf der Terrasse Musik los. Mit der fröhlichen Begeisterung eines Kindes zieht sie ihn zum Fenster und zeigt hinaus.)

Horch! Schau! Das ist die Kapelle meiner königlichen Leibgarde. Ich gab ihnen den Auftrag, diesen Morgen eine Stunde früher hier zu sein – so dass wir sie hören könnten, bevor wir hinunter kämen… Ich dachte, es würde dir gefallen.

ALBERT Oh ja, es ist sehr gute Musik.

DIE QUEEN Was spielen sie da?

ALBERT Du kennst es nicht?

DIE QUEEN Nein. Ich sagte nur, sie sollten ein paar passende Stücke wählen – für so eine besondere Gelegenheit. Was ist es?

ALBERT That, my Vicky, is Mendelssohn's *Wedding March*, from his new setting to Shakespeare.

THE QUEEN Mendelssohn! Oh, I'm glad. He is one of the world's greatest composers, is he not? ... No, I have never heard it before. But now it is going to be my favourite piece.

ALBERT You could not choose better. But you will not want to hear it every day, Weibchen.

THE QUEEN Perhaps not quite every day.

ALBERT Any more than you will want to see me shave – every day.

THE QUEEN Now you are laughing at me.

ALBERT Just a little, Dearest; because you – and I, are both to-day so young.

THE QUEEN And so happy! Look how the sun is shining! *(She goes and stands in the window.)*

ALBERT Ah, do not stand so near to that window, Vicky!

THE QUEEN Why not?

ALBERT The people might see you.

THE QUEEN Well, but why shouldn't they? It would please them.

ALBERT *(uncomfortably)* Yes: too much... That is why I say – *don't*!

THE QUEEN Albert, darling, we have got to appear in public again almost at once. It's no use being shy. And why should we, when I'm so proud of having got you?

ALBERT *(rescuing modesty with common sense)* I want my breakfast, Vicky! Please to go and get yourself ready – quick. I am going to ring now for my dresser to come.

THE QUEEN *(revelling in wifely submission)* Order me to go, Albert! ... Order me!

ALBERT *(playing up)* *Go*, woman! He says to you, *Go!*

ALBERT Das, meine Vicky, ist Mendelssohns Hochzeits-
marsch, aus seiner neuen Shakespeare-Vertonung.

DIE QUEEN Mendelssohn! Oh ich bin so froh. Er ist einer
der größten Komponisten der Welt, nicht wahr? ...Nein,
ich habe es noch nie gehört. Aber jetzt wird es mein Lieb-
lingsstück.

ALBERT Du konntest nicht besser wählen. Aber du wirst es
nicht jeden Tag hören wollen, Weibchen.

DIE QUEEN Vielleicht nicht gerade jeden Tag.

ALBERT Immerhin öfter, als mir jeden Tag beim Rasieren
zuschauen.

DIE QUEEN Jetzt lachst du mich aus.

ALBERT Nur ein bisschen, Liebste: weil du – und ich, wir
beide, heute so jung sind.

DIE QUEEN Und so glücklich! Schau, wie die Sonne
scheint! *(Sie geht und steht im Fenster.)*

ALBERT Ah, steh nicht so nah am Fenster, Vicky!

DIE QUEEN Warum nicht?

ALBERT Die Leute könnten dich sehen.

DIE QUEEN Nun, warum sollten sie nicht? Es würde ihnen
gefallen.

ALBERT *(unbehaglich)* Ja, zu sehr... Darum sage ich: tu's
nicht.

DIE QUEEN Albert, Liebling, wir müssen in der Öffentlichkeit beinahe sofort wieder erscheinen. Es hat keinen
Sinn, schüchtern zu sein. Und warum sollten wir, wo
ich doch so stolz bin, dass ich dich habe.

ALBERT *(dank gesundem Menschenverstand die Form wah-
rend)* Ich möchte mein Frühstück, Vicky. Ich bitte dich
zu gehen und dich fertig zu machen – schnell. Ich will
meinem Ankleider läuten, dass er kommt.

DIE QUEEN *(vergnügt in weiblicher Unterwerfung)* Befiehl
mir zu gehen, Albert! Befiehl mir!

ALBERT *(schauspielernd) Geh* Frau! Dein Mann sagt dir:
geh!

(Gazing at him adoringly, she drops a deep mocking curtsy, and retires. He stands looking fondly after her: then, with a sigh, turns, and rings the bell. His Valet enters. The Band plays on. THE PRINCE *proceeds to dress himself with formal correctness for the very difficult new life which now awaits him.)*

(Sie blickt ihn liebevoll an, macht einen spöttischen Knicks und zieht sich zurück. Er schaut ihr zärtlich nach. Dann dreht er sich mit einem Seufzer um und betätigt die Glocke. Sein Diener tritt ein, die Kapelle spielt weiter. DER PRINZ *beginnt, sich anzukleiden mit förmlicher Genauigkeit für das sehr schwierige neue Leben, das ihn nun erwartet.)*

The First Born 1840

*In the ante-room of the Royal private apartments,
the* HEAD-NURSE *is in attendance, with other Nurses
at call. Within half-drawn portieres, folding doors lead
to the inner chamber where only yesterday took place
the happy event – not quite so happy as had been
hoped – for which the whole nation had been waiting
expectantly. At the ante-room door comes a dis-
creet knock. The* HEAD-NURSE *sails importantly across,
while the door is opened by one of her underlings.
One of the Prince's* GENTLEMEN *presents himself;
he is allowed to enter.*

GENTLEMAN His Royal Highness has sent me to inquire
how is Her Majesty this morning?

HEAD-NURSE Doing very nicely, Sir. Her Majesty has
had a good night and is well rested. Her Majesty is
still asleep.

GENTLEMAN The doctor informed His Royal Highness
that he would, perhaps, be able to see Her Majesty for
a few minutes to-day, if you would be good enough
to send word what time would be best.

HEAD-NURSE When Her Majesty has wakened and had
her breakfast, His Royal Highness shall be informed.
But he is not to stay, tell him, more than five minutes. Her Majesty mustn't be excited.

Gentleman *(stiffly)* I will tell His Royal Highness
what You say.

HEAD-NURSE *(as one accustomed to have her orders
obeyed)* Ah! Mind you do!
(The GENTLEMAN *moves towards the door, then
pauses.)*

GENTLEMAN And Her Royal Highness, the Princess –
how is *she*?

Das Erstgeborene

Im Vorraum der Königlichen Privatgemächer ist die
OBERSCHWESTER *in Bereitschaft, mit anderen Schwestern*
auf Abruf. Zwischen halb zugezogenen Portieren führt
eine Falltür in den inneren Raum, in dem erst gestern
das frohe Ereignis stattgefunden hat – nicht ganz
so froh, wie erhofft – auf das die ganze Nation voller
Spannung gewartet hatte. Im Vorraum hört man ein
bescheidenes Klopfen. Die OBERSCHWESTER *segelt wichtig-*
tuerisch hinüber, während die Tür von einer ihrer Unter-
gebenen geöffnet wird. Einer der HERREN *des Prinzen*
zeigt sich, er darf eintreten.

GENTLEMAN Seine Königliche Hoheit hat mich gesandt,
mich zu erkundigen, wie es Ihrer Majestät heute morgen
geht.

OBERSCHWESTER Sehr gut, Sir. Ihre Majestät hatte eine gute
Nacht und ist gut ausgeruht. Ihre Majestät schläft noch.

GENTLEMAN Der Arzt sagte Seiner Königlichen Hoheit, dass
er, vielleicht, Ihre Majestät heute für ein paar Minuten
sehen könne, wenn Sie freundlicherweise Bescheid geben
wollten, welche Zeit am besten ist.

OBERSCHWESTER Wenn Ihre Majestät aufgewacht ist und
gefrühstückt hat, wird Seine Königliche Hoheit infor-
miert. Aber sagen sie ihm, dass er nicht länger als fünf
Minuten bleiben kann. Ihre Majestät darf sich nicht aufregen.

GENTLEMAN *(steif)* Ich will Seiner Königlichen Hoheit aus-
richten, was Sie sagen.

OBERSCHWESTER *(als eine, die gewöhnt ist, dass ihre Anord-*
nungen befolgt werden) Ah! Tun Sie das.

(Der GENTLEMAN *geht auf die Tür zu, dann hält er an.)*

GENTLEMAN Und Ihrer Königlichen Hoheit, der Prinzessin,
wie geht es *ihr?*

HEAD-NURSE *(proudly)* Well, Sir, for a one-day-old
– and I've seen hundreds of 'em – *I* say she can't
be beaten.

GENTLEMAN Very satisfactory, I'm sure. Quite
healthy?

HEAD-NURSE Healthy! You should have heard her!
Ah! She's got a will of her own already – like
her mother, *I* say; and I ought to know, for I
came to Kensington Palace as Under-Nurse
when Her Majesty was the one herself. And a
nice handful she was!

GENTLEMAN Dear me! Very interesting... *(Then
ingratiatingly)* Nurse, would it be asking too
much – would you allow *me* just to see the little
Princess for a moment, only for a moment!

HEAD-NURSE *You*, Sir? No, Sir; certainly not, Sir!
Not till His Royal Highness himself has seen
her is anyone else going to. Not if I know it.

GENTLEMAN I humbly beg pardon of your Majesty.

HEAD-NURSE Granted!

GENTLEMAN Have I your Majesty's leave to re-
tire?

HEAD-NURSE Go along with you!
*(The GENTLEMAN proceeds to back out of the
room: a performance which is lost on the HEAD-
NURSE, who abruptly turns her back on him.
From the inner room enters the UNDER-NURSE;
stepping cautiously she speaks in a whisper.)*

UNDER-NURSE Her Majesty is waking up. At least
I think so.

HEAD-NURSE Then go along and get Her Majesty's
breakfast, quick and sharp.
*(The UNDER-NURSE goes. The HEAD-NURSE enters
the inner room, and draws back the bed curtains.)*

HEAD-NURSE Is your Majesty awake?

OBERSCHWESTER *(stolz)* Nun, Sir, für ein Ein-Tag-Altes
– ich habe hunderte gesehn – ist sie, sage ich, unschlag-
bar.

GENTLEMAN Sehr zufriedenstellend, also jedenfalls ganz
gesund?

OBERSCHWESTER Gesund! Sie sollten sie gehört haben! Ah!
Sie hat schon einen eigenen Willen – wie ihre Mutter,
sage ich; und ich sollte es wissen, denn ich kam zum
Kensington Palast als Hilfsschwester, als es Ihre Majestät
selber war. Und was für eine hübsche Handvoll war sie!

GENTLEMAN Meine Güte! Sehr interessant... *(dann, sich
einschmeichelnd)* Schwester, wäre es zu viel gebeten –
würden Sie es *mir* erlauben, die kleine Prinzessin eben
einen Augenblick, nur einen Augenblick zu sehen?

OBERSCHWESTER *Sie* Sir? Nein, Sir, bestimmt nicht, Sir.
Bevor Seine Königliche Hoheit sie selber gesehen hat,
kann es niemand sonst. Nicht mit *meinem* Wissen.

GENTLEMAN Ich bitte Eure Majestät untertänig um Verzeihung!

OBERSCHWESTER Gewährt!

GENTLEMAN Habe ich Eurer Majestät Erlaubnis, mich zu-
rückzuziehen?

OBERSCHWESTER Machen Sie, dass Sie fortkommen!
*(Der GENTLEMAN begibt sich rückwärts aus dem Zimmer,
welche Veranstaltung an die OBERSCHWESTER verschwen-
det ist, die ihm plötzlich den Rücken zukehrt. Aus dem
inneren Raum kommt die HILFSSCHWESTER heraus; vorsichtig gehend flüstert sie.)*

HILFSSCHWESTER Ihre Majestät wacht auf, ich glaube wenigstens.

OBERSCHWESTER Dann gehen Sie und holen das Frühstück
Ihrer Majestät, schnell und munter!

*(Die HILFSSCHWESTER geht. Die OBERSCHWESTER betritt den
inneren Raum und zieht die Bettvorhänge zurück.)*

OBERSCHWESTER Ist Eure Majestät aufgewacht?

THE QUEEN Yes, Nurse, I'm awake. At least I'm going to be. What time is it?

HEAD-NURSE Six o'clock, your Majesty.

THE QUEEN Morning?

HEAD-NURSE Yes, your Majesty; it's morning now. Your Majesty has had six hours good sleep; and you'll have another, after your Majesty has had her breakfast.

THE QUEEN I don't think I want any breakfast – not yet.

HEAD-NURSE No, your Majesty; but your breakfast wants *you*.

THE QUEEN Not till I have seen the Prince, I mean.

HEAD-NURSE Your Majesty can't see His Royal Highness the Prince till you've had your breakfast. No! It's Doctor's orders.

THE QUEEN Then let me have it at once.

HEAD-NURSE It'll be here in a minute, your Majesty: I've sent for it.

(UNDER-NURSE enters with tray)

Ah! here it is. Bring it in, Nurse. Put it down.

(The tray is deposited, the HEAD-NURSE proceeds to officiate.)

THE QUEEN What's that?

HEAD-NURSE That's what we call a feeding-cup, your Majesty. It's the same one Her Royal Highness, the Duchess, had when your Majesty was born. Yes, the same one.

THE QUEEN Oh! How interesting. It's the first time I've ever used one.

HEAD-NURSE Ah! and it'll not be the last – let's hope. Now your Majesty has only got to lie still. Don't move. I'll give it you.

THE QUEEN While I'm taking it, will you send word to the Prince – to come and see me?

DIE QUEEN Ja, Schwester, ich bin wach. Wenigstens bin ich
dabei, es zu sein. Wieviel Uhr ist es?

OBERSCHWESTER Sechs Uhr, Eure Majestät.

DIE QUEEN Morgens?

OBERSCHWESTER Ja, Eure Majestät, es ist jetzt morgens.
Eure Majestät hat sechs Stunden geschlafen; und Sie werden es wieder, wenn Eure Majestät gefrühstückt hat.

DIE QUEEN Ich glaube, ich möchte gar kein Frühstück, noch
nicht.

OBERSCHWESTER Nein, Majestät; aber Ihr Frühstück will
Sie.

DIE QUEEN Nicht bevor ich den Prinzen gesehen habe, meine ich.

OBERSCHWESTER Eure Majestät kann Seine Königliche Hoheit, den Prinzen, nicht sehen, bevor Sie gefrühstückt
haben. Nein! Es ist die Anordnung des Arztes.

DIE QUEEN Dann geben Sie es mir sofort.

OBERSCHWESTER Es wird in einer Minute da sein, Eure Majestät, ich habe danach gesandt.
(Die HILFSSCHWESTER *tritt ein mit Tablett.)*
Ah! Hier ist es. Bringen Sie es herein, Schwester. Setzen
sie es hin.
(Das Tablett ist abgestellt, die OBERSCHWESTER *fährt fort
zu amtieren.)*

DIE QUEEN Was ist das?

OBERSCHWESTER Wir nennen es eine Schnabeltasse. Es ist
die selbe, die Ihre Königliche Hoheit, die Duchess, hatte,
als Eure Majestät geboren wurde, ja, die selbe.

DIE QUEEN Wie interessant. Es ist das erste Mal, dass ich
eine benutze.

OBERSCHWESTER Ah! Und es wird nicht das letzte Mal sein
– wollen wir hoffen. Nun muss Eure Majestät nur still
liegen. Bewegen Sie sich nicht. Ich gebe es Ihnen.

DIE QUEEN Während ich es nehme, würden Sie dem Prinzen Bescheid sagen – zu kommen und mich zu sehen?

HEAD-NURSE Word's been sent. His Royal Highness will be here as soon as we are ready for him.
Now then – this is going to do us good – your
Majesty... Now a little more... And a little
more... And now just to finish it... Oh, yes,
you can, you can, if you *try*... There! ... And
good and gracious you've done it... Does your
Majesty hear the bells ringing?

THE QUEEN What are they ringing for?

HEAD-NURSE What for? Why, for the Princess, to
be sure.

THE QUEEN The Princess? Ah, yes, of course. *(She
sighs.)* Oh, I do so want to see the Prince!
(The HEAD-NURSE *goes out into the ante-room
where the* UNDER-NURSE *is waiting.)*

HEAD-NURSE Go, and say that His Royal Highness
can come now. *(Then returning to the bed-side)*
There! Now I've sent word. His Royal Highness
will be here in another minute.

THE QUEEN Tidy me, Nurse. Tidy me! How do I
look?

HEAD-NURSE *(as she does the tidying)* Your Majesty's looking very nice indeed. Just a little pale;
but that's to be expected.

THE QUEEN Let me look at myself ... *(*THE NURSE
holds up a hand-mirror.) Oh, Nurse, I look
dreadful!

HEAD-NURSE You don't, Marm. You look sweet –
and like a *mother*.

THE QUEEN How's Baby?

HEAD-NURSE Oh, she's all right. Your Majesty
needn't worry about *her*. She's having her
twenty-four hours' sleep, and having it well.

THE QUEEN Twenty-four hours' sleep? Impossible.

OBERSCHWESTER Das ist bereits veranlasst. Seine Königliche Hoheit wird hier sein, sobald wir für ihn bereit
sind. Nun, nun – das wird uns gut tun, Eure Majestät
... noch noch ein wenig mehr... und noch ein wenig
mehr ... und nun noch den Rest... Oh ja, Sie können,
Sie können, wenn Sie sich Mühe geben. So! ... Gut
haben Sie es geschafft, großartig... Hört Eure Majestät
die Glocken läuten?

DIE QUEEN Weshalb läuten sie?

OBERSCHWESTER Weshalb? Nun, bestimmt für die Prinzessin.

DIE QUEEN Die Prinzessin? Ach ja, natürlich. *(Sie seufzt.)*
Oh, ich möchte so gern den Prinzen sehn!
(Die OBERSCHWESTER *geht hinaus in den Vorraum, wo die*
HILFSSCHWESTER *wartet.)*

OBERSCHWESTER Gehen Sie und sagen Sie, dass Seine Königliche Hoheit nun kommen kann. *(Dann, zum Bett*
zurückkehrend) Also! Nun habe ich Bescheid gegeben.
Seine Königliche Hoheit wird in einer Minute hier sein.

DIE QUEEN Richten Sie mich her, Schwester, frisieren Sie
mich. Wie sehe ich aus?

OBERSCHWESTER *(indem sie das Haar ordnet)* Eure Majestät
sieht wirklich sehr hübsch aus. Nur ein bisschen blass,
aber damit muss man rechnen.

DIE QUEEN Lassen Sie mich selber sehen... *(Die* SCHWESTER
hebt einen Handspiegel hoch.) Oh Schwester, ich sehe
schrecklich aus!

OBERSCHWESTER Oh nein, gnä' Frau; Sie sehen lieb aus
und wie eine Mutter.

DIE QUEEN Wie geht's dem Baby?

OBERSCHWESTER Oh, sie ist in Ordnung. Eure Majestät
braucht sich keine Sorgen zu machen wegen ihr. Sie
macht gerade ihren Vierundzwanzig-Stunden-Schlaf,
und zwar gut.

DIE QUEEN Vierundzwanzig Stunden Schlaf? Unmöglich!

HEAD-NURSE No, your Majesty; it's what babies always have to do when they first come... to get over the shock?

THE QUEEN The shock of what?

HEAD-NURSE Of being born, your Majesty. It's hard treatment they get sometimes, poor wee things!

THE QUEEN Did *she* have very hard treatment?

HEAD-NURSE No: your Majesty treated her beautifully like as if you'd been the mother of twelve.

THE QUEEN Oh!

HEAD-NURSE Now you must lie still, and not talk till His Royal Highness the Prince comes.

THE QUEEN When he does come, Nurse, you must go.

HEAD-NURSE *(Horrified) Go!* Your Majesty?

THE QUEEN Yes; I wish to see him alone.

HEAD-NURSE But I *mustn't* go, your Majesty. It's Doctor's orders.

THE QUEEN This is the Queen's orders. You will do as I tell you.

HEAD-NURSE I've never done such a thing before; but if your Majesty really means it.

THE QUEEN I really mean it, Nurse.

HEAD-NURSE *(Hearing the outer door open)* Well, here His Royal Highness is, then.
(She bustles forward to meet PRINCE ALBERT as he enters, shown in by the UNDER-NURSE)

PRINCE ALBERT Mrs Nurse, how long may I stay?

HEAD-NURSE *(Her stature restored to her.)* Only five minutes, your Royal Highness, please.

PRINCE ALBERT Very Well.
(He looks at his watch, and goes forward to the inner room. The HEAD-NURSE drives out the UNDER-NURSE with a look; then takes up her stand within the screen which shuts off the outer door.

OBERSCHWESTER Nein, Eure Majestät; Babies müssen das immer haben, wenn sie ankommen... um den Schock zu überwinden.

DIE QUEEN Den Schock wovon?

OBERSCHWESTER Geboren zu werden, Eure Majestät. Es ist eine harte Behandlung, die sie manchmal erfahren, die armen winzigen Dinger!

DIE QUEEN Hat *sie* eine sehr harte Behandlung erfahren?

OBERSCHWESTER Nein. Eure Majestät ging pfleglich mit ihr um, wie wenn Sie schon die Mutter von zwölfen wären.

DIE QUEEN Oh!

OBERSCHWESTER Nun müssen Sie still liegen und nicht sprechen, bis Seine Königliche Hoheit der Prinz kommt.

DIE QUEEN Wenn er kommt, Schwester, müssen Sie gehen.

OBERSCHWESTER *(entsetzt)* Gehen! Eure Majestät!

DIE QUEEN Ja, ich will ihn allein sehen.

OBERSCHWESTER Aber ich *darf* nicht gehn, Eure Majestät, Anordnung des Arztes.

DIE QUEEN Dies ist die Anordnung der Königin. Sie werden tun, was ich sage.

OBERSCHWESTER So etwas habe ich noch nie getan; Aber wenn Eure Majestät wirklich meint...

DIE QUEEN Ich meine es wirklich, Schwester.

OBERSCHWESTER *(hört die äußere Tür aufgehen)* Nun, hier ist also Seine Königliche Hoheit.

(Sie hastet vorwärts, um PRINZ ALBERT *zu begegnen; der tritt ein, von der* HILFSSCHWESTER *geleitet.)*

PRINZ ALBERT Frau Schwester, wie lange darf ich bleiben?

OBERSCHWESTER *(Ihre Haltung stellt sich wieder her.)* Nur fünf Minuten, Eure Königliche Hoheit, bitte.

PRINZ ALBERT Gut.

(Er schaut auf die Uhr und geht voran in das innere Zimmer. Die OBERSCHWESTER *dirigiert die* HILFSSCHWESTER *mit einem Blick hinaus. Dann bezieht sie Stellung hinter der Spanischen Wand, die die äußere Tür abschirmt.)*

Thus, out of sight and hearing, she obeys the orders.)

PRINCE ALBERT Weibchen! ... Liebes, kleines Frauchen! Wie geht's dir?

(He bends over and kisses her.)

VICTORIA Oh, Albert darling, have I disappointed you?

ALBERT Disappointed me? But how? Why, Weibchen?

VICTORIA That it wasn't a boy.

ALBERT You wished it to be a boy?

VICTORIA Albert! Of course. How could one have wished anything else – for an heir to the throne. The heir to a throne *must* be a boy – if possible.

ALBERT Well, Vicky, I do not know that that has *always* to be. For if you had been your bruder instead of yourself – *this* would not have happened.

VICTORIA "This?"

ALBERT I mean that I should not have then married you.

VICTORIA Then you are not disappointed?

ALBERT Oh, there is plenty of time, Vicky, you may yet be a mother of twelve.

VICTORIA That is what Nurse said.

ALBERT Oh? Did she? Well, let us hope that she was right.

VICTORIA No, Albert, I don't want to have twelve – not quite. You see it would be such an interruption to my being Queen.

ALBERT Yes: I suppose. But while that was so, I could be looking after things for you perhaps. No?

VICTORIA No... No, Albert, that would never do. My people wouldn't like it.

ALBERT *(sadly)* So.

VICTORIA No. Two or three will be quite enough, I think. Perhaps I wouldn't mind four... in time. So you really don't mind? Oh, how good you

So außerhalb von Sicht- und Hörweite, gehorcht sie den Anordnungen.)

PRINZ ALBERT Weibchen! ...Liebes kleines Frauchen! Wie geht's dir?

(Er beugt sich über sie und küsst sie.)

VICTORIA Oh Albert, Liebling, habe ich dich enttäuscht?

ALBERT Mich enttäuscht? Wie denn? Warum, Weibchen?

VICTORIA Dass es kein Junge ist.

ALBERT Du wolltest, dass es ein Junge wäre?

VICTORIA Albert! Natürlich! Wie könnte jemand etwas anderes gewünscht haben – für einen Thronerben. Der Erbe eines Thrones *muss* ein Junge sein – wenn möglich.

ALBERT Nun, Vicky, ich weiß nicht, ob es immer so sein muss. Denn wenn du dein Bruder gewesen wärst, anstatt du selber, *dies* würde nicht geschehen sein.

VICTORIA Dies?

ALBERT Ich meine, dass ich dich dann nicht geheiratet hätte.

VICTORIA Dann bist du nicht enttäuscht?

ALBERT Oh, es ist eine Menge Zeit, Vicky, du kannst noch eine Mutter von zwölfen sein.

VICTORIA So sagte die Schwester.

ALBERT Oh? Sagte sie das? Gut. Lass uns hoffen, dass sie Recht hat.

VICTORIA Nein, Albert, ich will keine zwölf haben – nicht ganz. Siehst du, es wäre eine Störung von meinem Königin-Sein.

ALBERT Ja, vermutlich. Aber während es so wäre, könnte ich ja nach dem Rechten sehen für dich, oder?

VICTORIA Nein nein Albert, das ginge keinesfalls. Mein Volk würde es nicht mögen.

ALBERT *(traurig)* So.

VICTORIA Nein. Zwei oder drei sind völlig ausreichend, denke ich. Vielleicht hätte ich auch nichts gegen vier... nach und nach. Also, es macht dir wirklich nichts aus? Wie gut

are to me! I was so afraid I hadn't quite done my duty.

ALBERT Well, Vicky, if it is anyone's fault, it is my fault too.

VICTORIA Oh! No, Albert, no! the father has nothing to do with whether it is a boy or a girl.

ALBERT Indeed? You seem to be very learned in the subject, Vicky. You surprise me. I thought it was something nobody knew anything about.

VICTORIA Oh, yes. I am quite sure of it. I have thought so much about it, you see – lately. So I *know*.

ALBERT Well, if it is all your doing that it is a girl, let us hope that it will be good like its mother.

VICTORIA But it won't be clever like its father; a girl can't be. That is not possible.

ALBERT Perhaps not – as a rule. But being clever is not everything. *(Then sadly)* And if one cannot use one's cleverness, what use to have it?

VICTORIA What do you mean, Albert, "cannot use?"

ALBERT Oh, nothing, nothing! – not that matters just now. Besides *(looking at his watch)* it is time I went. Nurse told me I was only to be here five minutes.

VICTORIA Nurse told you!

ALBERT Yes; and she was quite right. It was Doctor's orders. And when Doctors order, Kings and Queens must obey... So now, for a little, good-bye.

(He kisses her.)

VICTORIA Again! *(They kiss.)* Again...

ALBERT No, no! not again. You must not so excite yourself... Good-bye.

du zu mir bist! Ich hatte so Angst, ich hätte nicht ganz meine Pflicht getan.

ALBERT Nun, Vicky, wenn es irgendjemandes Schuld ist, dann ist es meine auch.

VICTORIA Oh nein, Albert, nein. Der Vater hat nichts damit zu tun, ob es ein Junge oder ein Mädchen ist.

ALBERT Wirklich? Du bist offenbar sehr gelehrt in diesem Fach, Vicky, du überraschst mich. Ich dachte, es sei etwas, worüber niemand etwas weiß.

VICTORIA Oh doch. Ich bin mir da ganz sicher. Ich habe so viel darüber nachgedacht, weißt du – in letzter Zeit. Also weiß ich es.

ALBERT Gut, wenn es alles dein Werk war, dass es ein Mädchen ist, lass uns hoffen, dass es so gut wie seine Mutter wird.

VICTORIA Aber es wird nicht so klug sein wie sein Vater; ein Mädchen kann das nicht. Das ist nicht möglich.

ALBERT Vielleicht nicht – in der Regel. Aber Klugheit ist nicht alles. *(Dann traurig)* Und wenn einer seine Klugheit nicht gebrauchen kann, was nutzt sie ihm?

VICTORIA Was meinst du, Albert, mit «nicht gebrauchen kann"?

ALBERT Oh nichts, nichts! – Nichts, worauf es jetzt gerade ankommt. Nebenbei *(auf die Uhr schauend)* ist es Zeit zu gehen. Die Schwester sagte, ich dürfe nur fünf Minuten hier sein.

VICTORIA Die Schwester sagte dir!

ALBERT Ja. Und sie hatte ganz recht. Es war eine Anordnung des Arztes. Und wenn Ärzte etwas anordnen, müssen Könige und Königinnen gehorchen... So, jetzt für eine Weile: Leb wohl!
(Er küsst sie.)

VICTORIA Nochmal! *(Sie küssen sich.)* Nochmal...

ALBERT Nein, nein! Nicht nochmal. Du darfst dich nicht so aufregen...Leb wohl!

(Going out he meets the HEAD-NURSE *at the door.)*
Have I been more than my five minutes, Nurse?
No? ... But it was a little hard to obey. And
now, if you will let me, I would like to look at
Her Royal Highness, the Princess.

HEAD-NURSE She is in here, your Royal Highness
– asleep.

ALBERT Ah? then we must be careful that we shall
not wake her. You think it will be quite safe?

HEAD-NURSE Quite safe, if your Royal Highness
will allow me to go in first. This way.

ALBERT *(half returning)* Oh, Vicky? What a thing
to be a father. Das ist wunderlich!
(The HEAD-NURSE *goes in. He tip-toes after
her.)*

VICTORIA Oh! he's pleased! really pleased! Well,
dearest, if you want twelve you shall have
them. Anything – anything, to please you. But
oh, I do wish it had been a boy – a boy!
*(From the next room comes the loud screeching
of a baby; the Princess Royal has woken, with a
will of her own, which nothing is ever going to
take from her.)*

(Hinausgehend trifft er die OBERSCHWESTER *an der Tür.)*
Bin ich länger als fünf Minuten geblieben, Schwester?
Nein? Aber es war ein wenig hart zu gehorchen... Und
jetzt, wenn Sie es mir gestatten, möchte ich gern einen
Blick auf Ihre Königliche Hoheit, die Prinzessin werfen.

OBERSCHWESTER Sie ist hier drinnen, Eure Königliche Hoheit – und schläft.

ALBERT Ah! Da müssen wir aufpassen, dass wir sie nicht
wecken. Sie denken, es wird ganz sicher sein?

OBERSCHWESTER Ganz sicher, wenn Eure Königliche Hoheit
mir erlaubt, zuerst hineinzugehen. Hier lang.

ALBERT *(halb umkehrend)* Oh Vicky! Was für ein Gefühl,
Vater zu sein! Das ist wunderlich.

(Die OBERSCHWESTER *geht hinein, er geht auf den Zehen-
spitzen hinterher.)*

VICTORIA Oh! Er freut sich! Er freut sich wirklich! Gut,
Liebster, wenn du zwölf möchtest, sollst du sie haben.
Alles – alles, um dir zu gefallen. Aber, oh, ich wollte, es
wäre ein Junge geworden – ein Junge!

*(Aus dem nächsten Zimmer kommt das laute Schreien
eines Säuglings. Die Königliche Prinzessin ist aufgewacht,
mit einem eigenen Willen, den nichts jemals von ihr wird
nehmen können.)*

Leading-Strings 1841

THE QUEEN *(it is still in the early days of her marriage) sits writing in one of the private apartments at Windsor. She looks at the clock which has just struck, and speaks to a Lady-in-Waiting, who stands at attention in the background.*

THE QUEEN Will you, please, go and send the Prince to me? It is ten o'clock; he ought to be here.
(The Lady curtsies and goes. THE QUEEN *takes up a small framed portrait, gazes upon it fondly, and resumes her writing. A stage-minute later (that is to say, ten seconds)* PRINCE ALBERT *enters: he carries a small nosegay, which he deposits with courtly grace in front of her. She lays down her pen, and, taking up the flowers to smell, says, correctively but not severely.)*
Ah! I was wondering when these would come.

ALBERT *(still very foreign in his pronunciation)* You did not think that I had forgotten?

THE QUEEN No, I only thought you were a little late; as you *are*.

ALBERT Just one minute. I do not yet quite know, to realise, how long at Windsor, it shall take to get from one place to another.

THE QUEEN It is all very grand and large, is it not? But that is what we – in our position – have to put up with.

ALBERT Would it not be rather nice to make one corner of it our own?

THE QUEEN How do you mean – our own? It is *all* ours.

ALBERT More private: where no one can come but ourselves. I mean – during the day.

Am Gängelband

DIE QUEEN *(es ist noch in den frühen Tagen ihrer Ehe) sitzt schreibend in einem der privaten Gemächer auf Windsor. Sie schaut auf die Uhr, die gerade geschlagen hat, und spricht zu einer Hofdame, die in Bereitschaft im Hintergrund steht.)*

DIE QUEEN Möchten Sie bitte gehen und den Prinzen zu mir schicken. Es ist zehn Uhr, er sollte hier sein.
(Die Dame knickst und geht. DIE QUEEN *nimmt ein kleines gerahmtes Porträt auf, schaut es zärtlich an und fährt mit ihrer Schreibarbeit fort. Eine knappe Minute später (genau gesagt: zehn Sekunden) tritt* PRINZ ALBERT *ein. Er trägt einen kleinen Blumenstrauß, den er mit höfischem Anstand vor sie hinstellt. Sie legt die Feder nieder und, die Blumen aufnehmend um zu riechen, sagt belehrend aber nicht streng.)*
Ah! Ich war neugierig, wann die kommen würden.
ALBERT *(mit noch fremder Aussprache)* Du dachtest doch nicht, dass ich sie vergessen hätte.
DIE QUEEN Nein, ich dachte nur, du wärst ein wenig spät dran, wie du ja bist.
ALBERT Nur eine Minute. Ich habe immer noch nicht ganz erfasst, wie lange es auf Windsor dauert, von einem Ort zum anderen zu gelangen.
DIE QUEEN Es ist alles sehr prächtig und groß, nicht wahr? Aber das ist es, womit wir – in unserer Stellung – uns abfinden müssen.
ALBERT Wäre es nicht recht hübsch, wenn wir eine Ecke davon zu unserer eigenen machen würden?
DIE QUEEN Wie meinst du das – unsere eigene? Es gehört *alles* uns.
ALBERT Mehr privat: wohin niemand kommen kann als wir selber. Ich meine: während des Tages.

THE QUEEN But we are quite private enough here, are we not?

ALBERT No. At any moment someone comes and knocks; one of your Ladies, or Secretaries. I mean a room – a suite all private to itself – where, when you have seen your Ministers, and all the rest, we can go in together, and not be disturbed by anyone: where it is known that – except on something emergent – no one shall come.

THE QUEEN Yes. Ah! yes.

ALBERT Where, by ourselves, you could sing to me, and I could play to you, and read to you.

THE QUEEN Yes, Albert, that is just what I should love. I will have it all arranged for.

ALBERT Will you not let me do it – my own way?

THE QUEEN You think I shall not do it as you wish, Albert?

ALBERT Not so at all. But this I would just like to do – myself. At present it seems there is so little I *may* do.

THE QUEEN But you do a great deal, Dearest, everything that I *want* you to do.

ALBERT *(sadly)* Yes. And that is all.

THE QUEEN Is that not enough? ... What is the matter?

ALBERT I could wish that you wanted me to do a little more, Vicky – in my own way.

THE QUEEN But what else *can* you do?

ALBERT Who knows – till you have let me try? There are so many things here that want doing badly.

THE QUEEN What sort of things?

ALBERT Almost everything. The service – the ménage here is more than one hundred years old. We are still in the Middle Ages – almost.

THE QUEEN But that is so interesting!

ALBERT And so wasteful.

114

DIE QUEEN Aber wir sind doch hier privat genug, oder etwa nicht?

ALBERT Nein. Alle Augenblicke kommt jemand und klopft, eine deiner Damen oder Sekretärinnen. Ich meine einen Raum, ein paar Zimmer, ganz privat für sich – wo wir, wenn du deine Minister gesehen hast und all das Übrige, miteinander hineingehen können und von niemandem gestört werden; wo jedermann weiß, dass – außer in einem Notfall – niemand kommen soll.

DIE QUEEN Ja. Ah, ja.

ALBERT Wo, unter uns, du für mich singen kannst oder ich für dich spielen und dir vorlesen.

DIE QUEEN Ja, Albert, das ist gerade, was ich lieben könnte. Ich will anordnen, dass alles so hergerichtet wird.

ALBERT Willst du es nicht mich tun lassen, auf meine Art?

DIE QUEEN Du denkst, ich mache es nicht so, wie du möchtest?

ALBERT Nein, das überhaupt nicht. Aber dies würde ich gerade gern selber tun. Im Moment scheint es so wenig zu geben, was ich tun darf.

DIE QUEEN Aber du tust eine Menge, Liebster, alles was ich von dir erbitte.

ALBERT *(traurig)* Ja. Und das ist alles.

DIE QUEEN Ist das nicht genug? ... Was ist los?

ALBERT Ich wünschte mir, dass du mir ein wenig mehr zu tun gäbest, Vicky, – auf meine eigene Weise.

DIE QUEEN Aber was *kannst* du sonst tun?

ALBERT Wer weiß – bis du es mich versuchen lässt? Es gibt so vieles hier, das bitter darauf wartet, getan zu werden.

DIE QUEEN Welcher Art?

ALBERT Fast alles. Die Bedienung – die Haushaltung hier ist mehr als hundert Jahre alt. Wir sind beinahe noch im Mittelalter.

DIE QUEEN Aber das ist doch so interessant!

ALBERT Und so verschwenderisch.

THE QUEEN Wasteful? Why?

ALBERT I will give you just an instance. The other day, for curiosity, I asked to be told the scale on which things for the commissariat are ordered – daily, weekly, monthly; the meat, the wine, and all the rest of it. My Dear, it is more like the provisioning of an army than of a single establishment.

THE QUEEN But this is Windsor.

ALBERT It is a dozen Windsors – the Windsors of four Reigns at least all rolled into one. One of the things I discovered was that anything once ordered always goes on being ordered. The thing is sent in and paid for, but it is not used.

THE QUEEN Then where does it go?

ALBERT Where? You may well ask.

THE QUEEN Then I shall look into it at once, and have it altered.

ALBERT Why not let *me* do it?

THE QUEEN You, Albert? But you do not understand our English ways.

ALBERT But it is I who have discovered it.

THE QUEEN Yes. How did you? Did you go into the kitchens, Albert?

ALBERT No; and I did not disguise myself either. I went to the Controller's office, to the desk of the Head Accountant, and asked if I might see the books. I was told no, impossible. I went and took them down from the shelf, and looked at them myself. I have been doing that now for a week.

THE QUEEN Behind my back; without asking me?

ALBERT Behind your back, Weibchen. And now, to your face, I tell it. Here you are, the Queen of England, and being cheated by your own servants. Let me give you just one or two instances. You have in your stables twice so many horses

DIE QUEEN Verschwenderisch? Wieso?

ALBERT Ich will dir nur ein Beispiel nennen. Neulich bat ich aus Interesse, die Aufstellung erklärt zu bekommen, nach der die Sachen für die Haushaltung bestellt werden – täglich, wöchentlich, monatlich: das Fleisch, der Wein und all das andere. Meine Liebe, es ähnelt mehr der Versorgung einer Armee als eines einzelnen Haushalts.

DIE QUEEN Aber das ist Windsor.

ALBERT Es ist ein Dutzend Windsors – die Windsors von mindestens vier Fürstenhöfen zusammengeknetet. Eine von den Sachen, die ich entdeckte, war, dass alles, was einmal bestellt war, immer wieder angefordert wurde. Die Sache wird gesandt und bezahlt, aber nicht benötigt.

DIE QUEEN Und wohin geht sie dann?

ALBERT Da magst du wohl fragen.

DIE QUEEN Dann werde ich sofort nachsehen und es abstellen.

ALBERT Warum lässt du es nicht mich tun?

DIE QUEEN Dich, Albert? Aber du verstehst unsere englische Art nicht.

ALBERT Aber ich bin es, der es entdeckt hat.

DIE QUEEN Ja. Wie hast du es gemacht? Bist du in die Küche gegangen, Albert?

ALBERT Nein; und ich habe mich auch nicht verkleidet. Ich ging zum Büro des Rechnungsprüfers, zum Pult des Hauptbuchhalters und fragte, ob ich die Bücher sehen könnte. Mir wurde gesagt: nein, unmöglich. Ich ging und nahm sie vom Regal und sah sie mir selber an. Das mache ich nun seit einer Woche.

DIE QUEEN Hinter meinem Rücken, ohne mich zu fragen?

ALBERT Hinter deinem Rücken, Weibchen. Und nun erzähle ich es dir ins Gesicht. Da bist du nun die Königin von England und wirst betrogen von deiner eigenen Dienerschaft. Lass mich dir nur ein oder zwei Beispiele nennen. Du hast in deinen Ställen doppelt so viele Pferde, wie

than you can use. Who uses them? They have become the perquisite of your head-stableman. He hires them out.

THE QUEEN My horses hired! How improper! How abominable!

ALBERT Yes.

THE QUEEN And how dishonest!

ALBERT They do not think so. Custom has sanctioned it. They are quite open about it, when it is found out; and when you alter it, as it should be altered, they will consider themselves defrauded.

THE QUEEN Then they shall! But how extraordinary that such a thing should ever have been allowed!

ALBERT I will give you one other instance – very funny. I found there was in the provision list, every month, forty pounds' weight of tallow candles. It surprised me to find that tallow candles were used here at all. I inquired; they were not. The tallow candles just come in to be looked at, and go out again. They are one of the kitchen perquisites.

THE QUEEN (scandalised) Really!

ALBERT And how did they come in the first place? Thirty years ago, old King George, your Grand-papa, had a cold in his nose; and tallows were ordered for it. In those days that was the cure. So the tallow has been on order ever since, though the nose that it was ordered to soothe has been twenty-one years in the grave.

THE QUEEN But forty pounds, Albert?

ALBERT Yes, my Dear, for the nose of a King – forty pounds; anything less than that would not have looked well in the accounts.

du gebrauchen kannst. Wer gebraucht sie? Sie sind zu einer Nebeneinnahme deines Stallmeisters geworden. Er leiht sie aus.

DIE QUEEN Meine Pferde ausleihen? Wie ungehörig! Wie abscheulich!

ALBERT Ja.

DIE QUEEN Und wie unehrlich!

ALBERT Sie denken nicht so. Die Gewohnheit hat es zu etwas Erlaubtem gemacht, sie sind ganz unbefangen, wenn es herausgekommen ist. Und wenn du es änderst, wie es geändert werden sollte, werden sie sich für betrogen halten.

DIE QUEEN Dann sollen sie! Aber es ist doch sonderbar, dass so etwas jemals erlaubt gewesen sein soll!

ALBERT Ich will dir ein anderes Beispiel geben – sehr seltsam. Ich habe entdeckt, dass in der Beschaffungsliste jeden Monat vierzig Pfund Talgkerzen stehen. Es überraschte mich, dass hier überhaupt Talgkerzen verwendet werden. Ich erkundigte mich, sie werden gar nicht verwendet. Die Talgkerzen kommen gerade herein, um angeschaut zu werden, und gehen wieder hinaus. Sie sind eine von den Nebeneinnahmen der Küche.

DIE QUEEN *(schockiert)* Wirklich?

ALBERT Und wie kamen sie zum ersten Mal herein? Vor dreißig Jahren hatte der alte König George, dein Großpapa, seine Nase erkältet, dafür wurde Talg bestellt. Damals war das die Kur. So ist dieser Talg seither immer auf der Bestellung gewesen, obwohl die Nase, zu deren Heilung er vorgesehen war, seit einundzwanzig Jahren im Grab liegt.

DIE QUEEN Aber vierzig Pfund, Albert!

ALBERT Ja, meine Liebe, für die Nase eines Königs – vierzig Pfund; weniger als das hätte in den Rechnungen nicht gut ausgesehen.

THE QUEEN And you have found all this out, Albert, by yourself?

ALBERT Yes. With a lot of black faces looking on – while I did so.

THE QUEEN I think you should have come to me first, before doing so.

ALBERT Why?

THE QUEEN For permission; that you might have my authority.

ALBERT No, Vicky, I am not going to ask your permission for everything.

THE QUEEN Do you mean that?

ALBERT Very much so, I mean it.

THE QUEEN Albert, is this going to be the first time that you disobey me?

ALBERT Perhaps it should have come earlier. It will not be the last.

THE QUEEN Albert! You forget yourself!

ALBERT I think, sometimes, that *you* forget *me*: that I am not your lover only, for you to play with and fondle. I am your husband too.

THE QUEEN And am not I – a good wife?

ALBERT You are all that is kind; and I am grateful. But am I always to be a stranger in this country of yours?

THE QUEEN Oh, do not say that; you hurt me! But it takes time. You see, Albert dear, you are so good – so serious about things – that you find it difficult to understand people – *other* people, I mean, who are different.

ALBERT Goodness should not prevent understanding, Vicky.

THE QUEEN But it does, Dearest! It makes you judge people too strictly.

ALBERT But do I?

DIE QUEEN Und du hast das alles herausgebracht, Albert, ganz allein?

ALBERT Ja. Im Angesicht vieler finsterer Mienen, die zusahen – während ich es tat.

DIE QUEEN Ich meine, du hättest erst zu mir kommen sollen, bevor du das machtest.

ALBERT Warum?

DIE QUEEN Um Genehmigung; damit du meine Autorität hinter dir gehabt hättest.

ALBERT Nein; Vicky, ich habe nicht vor, für alles deine Genehmigung einzuholen.

DIE QUEEN Meinst du das wirklich?

ALBERT Genau so meine ich es.

DIE QUEEN Albert, soll dies das erste Mal sein, dass du mir ungehorsam bist?

ALBERT Vielleicht hätte es früher sein sollen. Es wird nicht das letzte Mal sein.

DIE QUEEN Albert, du vergisst dich!

ALBERT Manchmal denke ich, dass *du mich* vergisst; dass ich nicht nur dein Liebhaber bin, mit dem du spielen und zärtlich sein kannst. Ich bin auch dein Ehemann.

DIE QUEEN Und bin ich nicht – eine gute Ehefrau?

ALBERT Du bist in der Tat freundlich, und ich bin dankbar. Aber soll ich immer ein Fremder in diesem deinem Land sein?

DIE QUEEN Oh sag das nicht, du kränkst mich! Aber es braucht Zeit. Siehst du, Albert, Lieber, du bist so redlich – so ernsthaft mit allem – darum fällt es dir schwer, die Leute zu verstehen – andere Leute, meine ich, die andersartig sind.

ALBERT Redlichkeit hindert wohl kaum das Verstehen, Vicky.

DIE QUEEN Doch sie tut es, Liebster! Sie lässt einen die Leute zu streng beurteilen.

ALBERT Tu ich das denn?

THE QUEEN Of course you do! And in a way, I like it – because it shows me *you*. But sometimes it is rather inconvenient, you know.

ALBERT For instance?

THE QUEEN Well, don't you remember, the other night, when Uncle Augustus came in after dinner, having dined elsewhere. And, of course, he *had* dined as *usual*; and so – almost at once – you sent one of your gentlemen, with your compliments, to tell him that his carriage was waiting.

ALBERT How did you know?

THE QUEEN He wrote to me the next day: such an explosive letter, saying such things about you, that I couldn't possibly let you read it... So you see Dear –

ALBERT Do you wish that I had let him stay?

THE QUEEN I wish that you had left it to me, Albert; for I had already decided what to do.

ALBERT And what had you decided?

THE QUEEN I was going to bring the Court to an end by retiring early. Then all would have gone off quite naturally, and no one would have noticed. It would have been better, Dearest.

ALBERT And suppose the incident had been repeated?

THE QUEEN Well, Albert, after all he is an old man; and we can't expect to alter him now.

ALBERT But we do expect your Court to alter, from what it has been, do we not? From what I have heard, there is already a great difference.

THE QUEEN Oh yes; and it is nearly all your doing, Albert. And I would not have it otherwise, except for my Uncle, for whom we must make allowance.

ALBERT Even your Uncles should be made to respect you.

DIE QUEEN Freilich tust du es! Und irgendwie mag ich das
– weil es mir *dich* zeigt. Aber manchmal ist es ziemlich
ungelegen, weißt du.

ALBERT Zum Beispiel?

DIE QUEEN Nun, erinnerst du dich nicht, neulich Abend,
als Onkel Augustus nach dem Dinner kam und schon wo
anders gespeist hatte. Und, natürlich, er hatte gespeist
wie gewohnt; und so – fast sofort, sandtest du einen
deiner Herren mit der höflichen Mitteilung, dass sein
Wagen warte.

ALBERT Woher weißt du das?

DIE QUEEN Er hat mir am nächsten Tag geschrieben; so einen explosiven Brief; er sagte Sachen über dich, dass ich
es dich unmöglich lesen lassen konnte... So siehst du,
Lieber...

ALBERT Wolltest du, ich hätte nur zugesehen?

DIE QUEEN Ich wollte, du hättest es mir überlassen, Albert,
denn ich hatte schon entschieden, was zu tun war.

ALBERT Und was war deine Entscheidung?

DIE QUEEN Ich hatte vor, den Empfang zu beenden, indem
ich mich früh zurückzog. Dann wäre alles ganz natürlich
vor sich gegangen und niemand hätte etwas bemerkt.
Es wäre besser gewesen, Liebster.

ALBERT Und angenommen, der Vorfall hätte sich wieder-
holt?

DIE QUEEN Nun, Albert, schließlich ist er ein alter Mann,
und wir können nicht erwarten, ihn noch zu ändern.

ALBERT Aber wir erwarten doch, deinen Hof zu ändern, gegenüber dem, wie er früher war, nicht? Es ist auch schon
ein großer Unterschied, wie ich gehört habe.

DIE QUEEN Oh ja; und das ist wirklich alles dein Werk, Albert. Ich wollte es nicht anders haben, außer was meinen
Onkel betrifft, auf den wir Rücksicht nehmen müssen.

ALBERT Sogar deine Onkel sollten gehalten sein, dich zu respektieren.

THE QUEEN But they do, I am sure.

ALBERT It was not respectful for him to come as he came the other night.

THE QUEEN It would not have been, had he quite realised – had he known –

ALBERT How drunk he was?

THE QUEEN Albert, he *is* my Uncle. Please don't use such a common expression about one of *us*.

ALBERT Is it too common – that word – said in English? Forgive me; I will say it in German.

THE QUEEN No, Albert. I wish you to talk English still, till you are more used to it.

(He moves away from her, controlling himself by an effort. She goes after him.)

Of course, Dearest, I love to hear you speak your own language, *sometimes*. It is so much more yourself. But till you know it better, you must, please, still speak English. And it is the same: about English ways and customs – you must get to know them better, and be more like the rest of us.

ALBERT You wish me to become English?

THE QUEEN Why, of course. *I* am English; so my Husband must be English, too.

ALBERT For that one should have begun earlier.

THE QUEEN I married you as soon as ever I could, Albert.

ALBERT Ah! Weibchen! So long as you do not repent of it.

THE QUEEN You are happy, Albert?

ALBERT I will be more than happy, so long as – serving you – I am able to make a life worth living. But you must let me serve you – not feel myself useless.

THE QUEEN – Useless!

ALBERT Sometimes I feel that I am put – not quite in the corner, but on the shelf, just a little.

THE QUEEN Who does that?

DIE QUEEN Aber das tun sie doch sicher.

ALBERT Es war nicht sehr respektvoll von ihm, zu kommen, wie er neulich Abend kam.

DIE QUEEN Es wäre nicht geschehen, hätte er sich klargemacht, hätte er gewusst...

ALBERT wie betrunken er war?

DIE QUEEN Albert, er ist mein Onkel. Bitte gebrauche nicht so einen gewöhnlichen Ausdruck für einen von uns.

ALBERT Ist es zu gewöhnlich – das Wort – auf englisch? Vergib mir, ich will es auf deutsch sagen.

DIE QUEEN Nein, Albert. Ich möchte, dass du noch englisch redest, bis du mehr daran gewöhnt bist.

(Er geht von ihr weg, sich mit Anstrengung beherrschend. Sie folgt ihm.)

Natürlich, Liebster, höre ich dich gern deine eigene Sprache sprechen, *manchmal.* Da bist du viel mehr du selber. Aber bis du es besser kannst, musst du, bitte, noch englisch sprechen. Und dasselbe gilt für englische Sitten und Gebräuche – du musst dazu gelangen, sie besser zu verstehen und mehr wie wir anderen zu sein.

ALBERT Du möchtest, dass ich Engländer werde?

DIE QUEEN Nun freilich. *Ich* bin Engländerin, so muss mein Ehemann auch Engländer sein.

ALBERT Damit hätte man früher anfangen müssen.

DIE QUEEN Ich habe dich geheiratet, sobald ich irgend konnte, Albert.

ALBERT Ach Weibchen! Wenn du es nur nicht bereust.

DIE QUEEN Bist du glücklich, Albert?

ALBERT Mehr als glücklich, solange ich – in deinem Dienst – ein lebenswertes Leben führen kann. Aber du musst mich dir dienen lassen – nicht dass ich mich nutzlos fühle.

DIE QUEEN Nutzlos?

ALBERT Manchmal fühle ich mich – nicht gerade in die Ecke – aber ins Regal gestellt, nur ein wenig.

DIE QUEEN Wer tut das?

ALBERT You, my Dear.

THE QUEEN But I – I worship you, Albert.

ALBERT Too much! Let me come down to earth a little, now and then. Give my hands and brain something to do, so that I may be able to respect myself. Am I only your plaything? Your –

THE QUEEN Albert!

ALBERT All day you work for hours with Ministers
and Secretaries. And while they are with you, I
may not come in. At the end of it I see you worn
out from doing it all alone; but I may not help
you. You do not even speak! Sometimes there
are things that are still doubtful – how to decide;
and I may not advise you. You do not ask me, or
tell me anything!

THE QUEEN But, Albert! Albert! You do not understand! The English are so jealous; they don't know
you as I know you. They still look upon you as
a foreigner, and are suspicious, for fear I should
let you – advise me.

ALBERT Am I *never* to help, or advise you – never?
From your life's work am I always to be shut out?

THE QUEEN But you do help me – so much!

ALBERT Let me help you *now*.

THE QUEEN How?

ALBERT Let me see some of those papers that you
spend so long over. I could read them for you,
and make a few notes. That would save you time.

THE QUEEN Oh, but I must see everything *myself*.
That is what I am here for.

ALBERT Do you suppose your Ministers show you
everything?

THE QUEEN Why, of course!

ALBERT Impossible. Government is not as simple as
all that. They themselves have to rely upon others

ALBERT Du, meine Liebe.

DIE QUEEN Aber ich – ich bete dich an, Albert!

ALBERT Zu sehr! Lass mich ein bisschen herunter auf die Erde kommen, dann und wann. Gib meinen Händen und meinem Kopf etwas zu tun, so dass ich mich selber achten kann. Bin ich denn nur dein Spielzeug? Dein...

DIE QUEEN Albert!

ALBERT Jeden Tag arbeitest du stundenlang mit Ministern und Sekretären. Und während sie mit dir zusammen sind, darf ich nicht hereinkommen. Und am Ende sehe ich dich erschöpft, weil du alles allein tust, aber ich darf dir nicht helfen. Du sprichst nicht einmal! Manchmal ist es noch zweifelhaft, wie Dinge entschieden werden sollen. Und ich darf dir nicht raten. Du fragst mich nicht und du erzählst mir nichts.

DIE QUEEN Aber Albert! Albert! Das verstehst du nicht! Die Engländer sind so empfindlich – sie kennen dich nicht, wie ich dich kenne. Sie sehen dich immer noch als Fremden an und sind argwöhnisch, aus Furcht, ich könnte dich – mir raten lassen.

ALBERT Soll ich dir nie helfen oder raten – nie? Soll ich von deinem Lebenswerk für immer ausgeschlossen sein?

DIE QUEEN Aber du hilfst mir – so viel!

ALBERT Lass mich dir *jetzt* helfen.

DIE QUEEN Wie?

ALBERT Lass mich einige von deinen Papieren sehn, über denen du so lange sitzt. Ich könnte sie für dich lesen und ein paar Anmerkungen machen. Das würde dir Zeit sparen.

DIE QUEEN Oh, aber ich muss alles selber sehen. Dafür bin ich da.

ALBERT Meinst du, deine Minister zeigen dir alles?

DIE QUEEN Nun, natürlich.

ALBERT Unmöglich. Regierung ist nicht so einfach wie dies und jenes. Auch sie müssen sich auf andere verlassen bei

for much that has to be done; even in things for
which they are responsible. Cannot you rely upon
me... a little?

THE QUEEN Albert, Dearest, you distress me! In every
way that is possible, I do already rely on you; and
always, in everything that I have had to decide *for*
you, I have only done it for your good.

ALBERT Yes, you even chose my secretary for me.

THE QUEEN Why, of course, Albert! How could *you*
know – coming here a stranger – who would be the
best?

ALBERT *(continuing)* Who reports to you – regularly,
I believe.

THE QUEEN Surely you don't mind my knowing?

ALBERT I would prefer to tell you myself what I do. In
future I mean to.

THE QUEEN Why, of course. I always wish to hear everything.

ALBERT Yes. The other day I made an engagement. You
cancelled it.

THE QUEEN Yes, Albert. I had very good reason for doing so.

ALBERT No doubt. You did not speak to me about it.

THE QUEEN But that was to spare your feelings.

ALBERT But my secretary knew. When I questioned
him why one engagement entered into my diary
for this week had been struck out, he said he had
done so under instruction.

THE QUEEN Yes, Albert.

ALBERT From *you*.

THE QUEEN You were going to dine, he told me, with
a foreign Minister. It would have been in the papers.
My Government did not wish that, just now, any
member of the Royal Family should pay him such
a compliment.

vielem, was getan werden muss; sogar bei Sachen, für die sie verantwortlich sind. Kannst du dich nicht auf mich verlassen – ein wenig?

DIE QUEEN Albert, Liebster, du bekümmerst mich! In jeder Beziehung die möglich ist, verlasse ich mich auf dich; und immer, in allem, was ich für dich zu entscheiden hatte, habe ich es nur zu deinem Besten getan.

ALBERT Ja, du hast sogar meinen Sekretär für mich gewählt.

DIE QUEEN Nun, allerdings, Albert! Wie konntest du, der als Fremder hergekommen ist, wissen, wer der Beste sein würde.

ALBERT *(fortfahrend)* ... der dir berichtet – regelmäßig, glaube ich.

DIE QUEEN Sicher macht es dir nichts aus, wenn ich Bescheid weiß?

ALBERT Ich würde vorziehen, dir selber zu erzählen, was ich tue. In Zukunft möchte ich es so.

DIE QUEEN Nun freilich. Ich möchte immer alles hören.

ALBERT Ja. Neulich traf ich eine Verabredung. Du hast sie aufgehoben.

DIE QUEEN Ja, Albert. Ich hatte sehr guten Grund dafür.

ALBERT Ohne Zweifel. Du hast mit mir nicht darüber gesprochen.

DIE QUEEN Aber das war, um deine Gefühle zu schonen.

ALBERT Aber mein Sekretär wusste es. Als ich ihn fragte, warum eine Verabredung, die in mein Tagebuch für diese Woche eingetragen war, ausgestrichen wurde, sagte er, er habe es auf Anweisung getan.

DIE QUEEN Ja, Albert.

ALBERT Von dir.

DIE QUEEN Du wolltest mit einem fremden Minister essen gehen, erzählte er mir. Das hätte in den Zeitungen gestanden. Meine Regierung wünschte nicht, gerade jetzt, dass ein Mitglied der königlichen Familie diesem Mann so eine Aufmerksamkeit erweisen würde.

ALBERT You see, I am told nothing of your relations with foreign countries. I see only what appears in the newspapers... Not only do you not give me your confidence, but you have me watched. To-morrow I am going to choose another secretary – for myself.

THE QUEEN Albert, you are making a great mistake!

ALBERT Repairing one. I ought to have done this before.

THE QUEEN You are not to do it, Albert... I say you are not to.

ALBERT Then, for the present, I leave you.

(He turns to go)

THE QUEEN Where are you going?

ALBERT In here, to my own room, to write my letters – alone.

(He goes in, and closes the door. We hear the key turn in the lock. THE QUEEN also hears it, and starts to her feet. Very angry, but a little frightened, she pauses, then advances resolutely to the door, and tries it. The door does not yield. She beats up-on it violently with her hand, pauses, then beats again.)

THE QUEEN Open the door! Albert, open the door!

ALBERT *(from within)* Who is that speaking?

THE QUEEN Her Majesty, the Queen!

ALBERT Her Majesty, the Queen, must wait.

(THE QUEEN stands, hardly believing her ears. She stands for a long time. Her eyes turn to the door questioning it about this unbelievable situation, which (for such a thing has never happened before) she cannot yet understand. For a moment, foolish, fiery resolution takes hold of her: she crosses the room and lays her hand upon the belt – rope. Ye Gods! What is her little Majesty going to do now? But fundamental common sense comes to her res-

ALBERT Siehst du, es wird mir nichts erzählt von deinen Beziehungen zu fremden Ländern. Ich sehe nur, was in den Zeitungen steht... Nicht nur, dass du mir kein Vertrauen schenkst, du lässt mich auch noch überwachen. Morgen werde ich einen anderen Sekretär wählen, einen, den ich möchte.

DIE QUEEN Albert, du machst einen großen Fehler!

ALBERT Ich mache einen gut. Ich hätte es früher tun sollen.

DIE QUEEN Du wirst das nicht tun, Albert... ich sage, du tust das nicht.

ALBERT Dann gehe ich jetzt erstmal weg.

(Er dreht sich, um zu gehen.)

DIE QUEEN Wohin gehst du?

ALBERT Hier hinein, in mein eigenes Zimmer, um meine Briefe zu schreiben – allein.

(Er geht hinein und schließt die Tür. Wir hören den Schlüssel sich im Schloss drehen. DIE QUEEN *hört es auch und springt auf die Füße. Sehr ärgerlich, aber ein bisschen erschrocken hält sie inne, dann schreitet sie energisch zur Tür und probiert. Die Tür gibt nicht nach. Sie schlägt mit der Hand heftig dagegen, hält inne, schlägt dann noch einmal.)*

DIE QUEEN Mach die Tür auf! Albert, mach die Tür auf!

ALBERT *(von innen)* Wer spricht da?

DIE QUEEN Ihre Majestät, die Königin.

ALBERT Ihre Majestät die Königin muss warten.

*(*DIE QUEEN *steht und traut ihren Ohren nicht. Sie steht eine lange Zeit. Ihre Augen gehen zur Tür und befragen sie über diese unglaubliche Situation, die sie – denn so etwas war nie zuvor geschehen – noch nicht verstehen kann. Einen Augenblick packt sie ein törichter, feuriger Entschluss: sie durchquert den Raum und legt ihre Hand an den Klingelzug. Ihr Götter! Was wird ihre kleine Majestät nun tun? Aber ihr grundgesunder Menschenverstand kommt ihr zu Hilfe; und mit dem Menschen-*

cue; and with common sense comes, also, understanding. *Timidly now, biting her lips, trying to keep back the tears, she crosses again, and stands irresolutely at the door. In a very different way now, her hand advances, she knocks softly, pauses, and knocks again. And as she listens the beloved voice speaks again from within.)*

ALBERT Who is there?

(There is a pause. The tears come rushing; her voice trembles as she speaks.)

THE QUEEN Your Wife, Albert! Your poor, unhappy little Wife!

(The door opens. ALBERT appears. She flings herself into his arms.)

Oh, Albert! Albert! Albert!

ALBERT Hush, hush, Weibchen! Don't cry! Don't cry! It's all right.

(But she does cry. How long does not matter, for it is doing her good.)

*verstand kommt auch die Einsicht. Furchtsam nun, sich
auf die Lippen beißend und bemüht, die Tränen zurück-
zuhalten, kehrt sie um und steht unentschlossen vor der
Tür. Jetzt streckt sie auf sehr andere Weise ihre Hand
aus, sie klopft sanft, wartet und klopft noch einmal. Und
als sie horcht, spricht die geliebte Stimme wieder von
drinnen.)*

ALBERT Wer ist da?

*(Eine Pause. Die Tränen strömen, ihre Stimme zittert, als
sie spricht.)*

DIE QUEEN Deine Frau, Albert! Deine arme, unglückliche
kleine Frau!

(Die Tür geht auf. ALBERT *erscheint. Sie wirft sich in seine
Arme.)*

Oh Albert! Albert! Albert!

ALBERT Bsch, bsch, Weibchen! Nicht weinen! Nicht weinen! Ist ja alles in Ordnung.

*(Aber sie weint. Wie lange, spielt keine Rolle, denn es
tut ihr gut.)*

A Good Lesson 1842

It is ten o'clock, and a bright morning. In THE
PRINCE'S *writing-room at Buckingham Palace,* MR
ANSON, *his Private Secretary, stands by the table,
sorting correspondence; opened letters he places in
one heap, unopened in another. The door opens;
one of* THE QUEEN'S GENTLEMEN *enters.*

GENTLEMAN Her Majesty wishes to know whether the
Prince has yet returned?

ANSON *(in a quiet, matter-of-fact tone)* No... At
least, so far as I know, he has not.

GENTLEMAN *(hesitating)* Oh? ... Do you know, Mr
Anson, where the Prince is?

ANSON *(with studied nonchalance)* Now? ... No, I
don't.

GENTLEMAN *(with embarrassment)* You know, I suppose, that His Highness did not return to the
Palace, last night?

ANSON *(as before)* From the Royal Academy Dinner?
Oh, indeed... didn't he?

GENTLEMAN *(making a plunge)* Did he *go*, Mr Anson?

ANSON Oh yes, I think so. The papers *say* that he
did. Here is his speech, fully reported, in this
morning's *Times;* and a very good one, too.

GENTLEMAN Very strange, Mr Anson!

ANSON Not at all. His speeches generally are.

GENTLEMAN I meant – his not returning.

ANSON *(coldly)* Hadn't you better report to Her
Majesty that His Highness has *not* yet returned?
That, I believe, was all you were sent to find out.

GENTLEMAN *(stiffly)* Certainly. I will.

(He goes. ANSON *continues sorting the letters. There*

Eine gute Lehre

Es ist zehn Uhr und ein heller Morgen. Im Schreibzimmer DES PRINZEN *im Buckingham Palast steht* MR ANSON, *sein Privatsekretär, am Tisch und sortiert die Korrespondenz. Geöffnete Briefe legt er auf einen Haufen, ungeöffnete auf einen anderen. Die Tür geht auf, einer der* HERREN DER QUEEN *tritt ein.*

GENTLEMAN Ihre Majestät möchte wissen, ob der Prinz schon zurückgekehrt ist.

ANSON *(in einem ruhigen, sachlichen Ton)* Nein... wenigstens soviel ich weiß, nicht.

GENTLEMAN *(zögernd)* Oh?... Wissen Sie, Mr Anson, wo der Prinz ist?

ANSON *(mit wohlüberlegter Gelassenheit)* Jetzt? Nein.

GENTLEMAN *(verlegen)* Ich nehme an, Sie wissen, dass Seine Hoheit heute nacht nicht zum Palast zurückgekehrt ist?

ANSON *(wie vorher)* Vom Dinner in der Königlichen Akademie? Oh wirklich... ist er nicht?

GENTLEMAN *(einen Vorstoß wagend)* Ging er denn hin, Mr Anson?

ANSON Oh ja, ich denke schon. Die Zeitungen *sagen*, dass er ging. Hier ist seine Rede im vollen Wortlaut, in der «Times» von heute morgen. Eine sehr gute übrigens.

GENTLEMAN Sehr seltsam, Mr Anson!

ANSON Überhaupt nicht. Seine Reden sind meistens gut.

GENTLEMAN Ich meine: dass er nicht zurückgekehrt ist.

ANSON *(kalt)* Sollten Sie nicht besser Ihrer Majestät berichten, dass Seine Hoheit *nicht* zurückgekommen ist? Das herauszukriegen war, glaube ich, alles, weswegen Sie gesandt worden sind.

GENTLEMAN *(steif)* Sicher. Ich werde.

(Er geht. ANSON *fährt fort, Briefe zu sortieren. Da klopft*

*comes a knock at the door; and permission given
– in comes the Prince's Valet, MR RICHARDS.)*

RICHARDS I beg pardon, Sir. I heard you were
alone : so I came to see you, Sir.

ANSON Yes? What is it, Richards?

RICHARDS His Royal Highness, Sir... He hasn't
sent for me this morning, Sir : and didn't last
night, either. He doesn't seem to have been in
his dressing-room at all, Sir : not since I dressed
him last night, for the Dinner.

ANSON Oh, it's all right, Richards. His Royal
Highness was unexpectedly called elsewhere,
at a late hour last night, so did not return.

RICHARDS *(re-assured)* Oh, very good, Sir.

ANSON I expect His Royal Highness to be back
before long. So you be ready for him.

RICHARDS Yes, Sir. Very good, Sir.

*(He goes. ANSON, left to himself, can no longer
conceal his anxiety.)*

ANSON But is it "all right," I wonder? ... God !
*(Nervously he snatches up the paper, then throws
it down again. He moves restlessly to the window, and back again. The door opens; in comes
PRINCE ALBERT, looking very calm and collected.)*

ALBERT *(quietly)* Good morning, Anson.

ANSON Good morning, Sir.

ALBERT Is there any news this morning? – anything
special?

ANSON In the papers, Sir? A full report of the Academy Banquet. *(He takes up «The Times», and
offers it.)* Did that go off well, Sir?

ALBERT *(not taking it)* Very well.

ANSON I was just reading your Highness's speech.

ALBERT Yes, Anson; of which you wrote for me the
notes.

es an die Tür; und nach dem «Herein» erscheint der Kammerdiener des Prinzen, MR RICHARDS.*)*

RICHARDS Verzeihung, Sir. Ich habe gehört, Sie seien allein. Darum kam ich, Sie zu treffen.

ANSON So? Was gibt's, Richards?

RICHARDS Seine Königliche Hoheit, Sir... Er hat heute morgen nicht nach mir gesandt, Sir; und gestern abend auch nicht. Es scheint, er ist überhaupt nicht in seinem Ankleideraum gewesen, Sir, nicht nachdem ich ihn gestern abend ankleidete für das Dinner.

ANSON Oh, es ist alles in Ordnung, Richards. Seine Königliche Hoheit wurde unerwartet woanders hin gerufen, zu später Stunde letzte Nacht, darum kam er nicht zurück.

RICHARDS *(wieder beruhigt)* Oh, sehr gut, Sir.

ANSON Ich erwarte, dass Seine Königliche Hoheit bald da sein wird. Also seien Sie bereit für ihn.

RICHARDS Ja, Sir. Sehr gut, Sir.

(Er geht. ANSON, *allein gelassen, kann seine Sorge nicht länger verbergen.)*

ANSON Ist wirklich alles «in Ordnung?»... Gott!
(Nervös nimmt er die Zeitung auf, dann wirft er sie wieder hin. Er geht ruhelos zum Fenster und wieder zurück. Die Tür geht auf, herein kommt PRINZ ALBERT; *er sieht sehr besonnen und gesammelt aus.)*

ALBERT *(ruhig)* Guten Morgen Anson.

ANSON Guten Morgen, Sir.

ALBERT Gibt es neue Nachrichten heute früh? – Etwas Besonderes?

ANSON In den Zeitungen, Sir? Ein ausführlicher Bericht vom Akademie-Bankett. *(Er nimmt «Die Times» auf und reicht sie ihm.)* Ist es gut gegangen, Sir?

ALBERT *(nimmt sie nicht)* Sehr gut.

ANSON Ich habe gerade die Rede Eurer Hoheit gelesen.

ALBERT Ja, Anson; von welcher Sie mir den Entwurf geschrieben haben.

ANSON At your Highness's dictation.

ALBERT Well, I did not make it too long, I hope?

ANSON It reads very well, Sir. And it seems to have been well received.

ALBERT Yes; it was altogether a very well managed affair. And I found the company quite interesting. We were talking of the decorations for the walls of the new Houses of Parliament; and I was proposing that there should be a Competition and a Fine Arts Commission to decide it. They thought it was a good idea.

ANSON Well, Sir, if a Competition will produce the right artists, it certainly will be. But we have not had much practice of mural art in this country, Sir, I'm afraid; we don't run to it.

ALBERT We must begin, then, and try.

ANSON Yes, Sir.

ALBERT That was Sir Francis Chantrey's objection. But when I said to him – "How would it do, then, to employ foreign Artists?" he said that if they came, their heads would be broken; and that – old as he was – he would himself lend a hand for the purpose.

ANSON Indeed, Sir?

ALBERT Yes, indeed! So you see! ...

(THE PRINCE *seats himself at his writing-table.*)

ALBERT Letters?

ANSON (*handing some*) These, Sir, I think, are all that your Highness need see for the present.

ALBERT Thank you.

(THE QUEEN'S GENTLEMAN *again enters.*)

GENTLEMAN Her Majesty sent me to inquire if your Royal Highness was disengaged?

ALBERT Oh yes. Tell Her Majesty I am quite free, if she wishes to see me.

ANSON Nach dem Diktat Eurer Hoheit.

ALBERT Nun ich hoffe, ich habe es nicht zu lang gemacht?

ANSON Es liest sich sehr gut, Sir. Und es wurde offenbar
gut aufgenommen.

ALBERT Ja, es war alles in allem eine sehr gute Veranstaltung. Und ich fand die Gesellschaft recht interessant. Wir
sprachen über die Dekorationen für die Wände des neuen
House of Parliament; und ich schlug vor, dass es einen
Wettbewerb geben sollte und eine Kommission der
Schönen Künste, um zu entscheiden. Sie hielten das für
eine gute Idee.

ANSON Nun, Sir, wenn ein Wettbewerb die richtigen
Künstler hervorbringt, wird es sicher eine sein. Aber
wir haben noch nicht viel Erfahrung mit Wandmalerei in
diesem Land, Sir, ich fürchte, wir werden es nicht hin-
kriegen.

ALBERT Dann müssen wir anfangen und versuchen.

ANSON Ja, Sir.

ALBERT Auch Sir Francis Chantrey hatte solche Bedenken.
Aber als ich ihm sagte « Wie wäre es denn, wenn wir aus-
ländische Künstler beschäftigten? » sagte er, dass wenn
sie kämen, ihnen die Köpfe eingeschlagen würden, und
dass er – alt wie er ist – dabei mithelfen würde.

ANSON Wirklich, Sir?

ALBERT Ja, wirklich! So sehen Sie! ...

(Der PRINZ *setzt sich an seinen Schreibtisch.)*

ALBERT Briefe?

ANSON *(gibt ihm einige)* Diese, Sir, sind, denke ich, alle,
die Eure Hoheit im Augenblick sehen muss.

ALBERT Danke!

(Der KAMMERHERR DER QUEEN *tritt wieder ein.)*

GENTLEMAN Ihre Majestät sandte mich zu fragen, ob Eure
Königliche Hoheit frei ist?

ALBERT Oh ja. Sagen Sie Ihrer Majestät, ich bin ganz frei,
wenn sie mich sehen möchte.

(The GENTLEMAN *bows, and retires. the prince continues to look over his correspondence.)*

Now you may go, Anson. Take all those other letters,
and leave me these.

*(*ANSON *retires.* THE PRINCE *goes on opening his correspondence. A minute passes; suddenly the door is flung
open, and* THE QUEEN *makes a flamboyant entry.)*

THE QUEEN Albert! Where have you been?

ALBERT To Windsor, Victoria.

THE QUEEN Windsor? Impossible! Why did you not
come back last night?

ALBERT I did not come back last night, Victoria, because
of the way in which you sent for me.

THE QUEEN I told you before you went, that I wished
you to be back by half past ten at the latest.

ALBERT Yes.

THE QUEEN At half past ten you had not come; so I sent
for you.

ALBERT Yes, I received from you this note. *(He produces
it.)* . . . "Albert, it is quite time you were back. Please
to come at once!"

THE QUEEN Yes; I wrote it; I sent it; and my orders were
that it should be put into your hand by the Messenger
to whom I gave it.

ALBERT It was put into my hand. I sent back word to say
that I had received it.

THE QUEEN Yes; but you did not come!

ALBERT I did not come, because I was not then ready to
come.

THE QUEEN Albert! when you go anywhere without *me*
(as you *had* to do on this occasion), I do not expect
you to be late.

ALBERT No. But when I do go without you, you must
leave it for me to decide, myself, when I shall return.

(Der KAMMERHERR *verbeugt sich und zieht sich zurück.*
Der PRINZ *fährt fort, seine Korrespondenz anzuschauen.)*
Sie können nun gehen, Anson. Nehmen Sie alle die anderen Briefe und lassen Sie mir diese da.
*(*ANSON *zieht sich zurück. Der* PRINZ *öffnet weiter seine*
Schreiben. Eine Minute vergeht; plötzlich fliegt die Tür
auf, und DIE QUEEN *hält prächtigen Einzug.)*

DIE QUEEN Albert! Wo bist du gewesen?

ALBERT Auf Windsor, Victoria.

DIE QUEEN Windsor? Unmöglich! Warum bist du diese
Nacht nicht zurückgekommen?

ALBERT Ich bin heute nacht nicht zurückgekommen wegen
der Art und Weise, in der du nach mir geschickt hast.

DIE QUEEN Ich sagte dir, bevor du gingst, dass ich wünschte,
du solltest spätestens um halb elf zurück sein.

ALBERT Ja.

DIE QUEEN Um halb elf warst du nicht da, also sandte ich
nach dir.

ALBERT Ja, ich erhielt dieses Briefchen. *(Er hält es ihr hin.)*
«Albert, es ist die Zeit, in der du zurück sein solltest.
Bitte komm sofort!»

DIE QUEEN Ja, ich habe es geschrieben und dir gesandt.
Mein Befehl war, dass der Bote, dem ich es gab, es dir in
die Hand geben sollte.

ALBERT Es wurde mir in die Hand gegeben. Ich sandte die
Nachricht zurück, dass ich es erhalten hätte.

DIE QUEEN Ja; aber du bist nicht gekommen!

ALBERT Ich bin nicht gekommen, weil ich da noch nicht bereit war zu kommen.

DIE QUEEN Albert! Wenn du ohne mich irgendwohin gehst,
(wie du es bei dieser Gelegenheit tun musstest), erwarte
ich, dass du nicht zu spät kommst.

ALBERT Nein. Sondern wenn ich ohne dich gehe, musst du
es mir überlassen, selber zu entscheiden, wann ich
zurückkehre.

THE QUEEN But this time I had already told you my
wishes, and had decided for you… I sent again.

ALBERT Yes. At eleven o'clock, I received this. *(He produces it)* "Albert, I order you to return at once!
V. R."

THE QUEEN And still you did not!

ALBERT I did not.

THE QUEEN So you disobeyed your Queen!

ALBERT *(serenely)* Yes, my Dear; I disobeyed my
Queen. Send me to the Tower for it, and cut off my
head.

THE QUEEN I do not regard this as a subject for amuse-
ment and jest, Albert.

ALBERT No? Then it is lucky that *I* do. For if neither
of us thought it amusing, we might have quite a
serious quarrel about it. But now – as it is only
you who do not think it amusing – the quarrel will
not be so serious.

THE QUEEN Albert, what did you do, after I had ordered you to return? Where did you spend the night?

ALBERT At Windsor, as I have told you.

THE QUEEN I don't believe it!

ALBERT Don't you?

(Quietly he turns back to his letters.)

THE QUEEN Albert, I will not be treated like this!
Please to remember that, though I am your Wife,
I am also your Queen.

ALBERT *(kindly)* Sit down, my Dear, sit down! there is
nothing to stand up about… Last night there was;
so I had to. But now I am ready to sit here and talk
it over, quite reasonably and comfortably: just you
and me, Weibchen – with the Queen left out…
Please! *(With a gesture he gets her seated.)* Listen
to me, my Dear. When you married me, you made
a promise that was strange for a Queen to make:

DIE QUEEN Aber diesmal hatte ich dir meine Wünsche schon gesagt und hatte für dich entschieden... Ich habe dann noch einmal nach dir gesandt.

ALBERT Ja. Um elf Uhr erhielt ich dies. *(Er reicht es ihr hin)* «Albert, ich befehle dir, sofort zu kommen! V. R.»

DIE QUEEN Und du kamst immer noch nicht.

ALBERT Nein.

DIE QUEEN So warst du deiner Königin ungehorsam!

ALBERT *(heiter)* Ja, Liebe, ich war meiner Königin ungehorsam. Schick mich dafür in den Tower und schlag mir den Kopf ab.

DIE QUEEN Ich sehe das nicht als Unterhaltung und Scherz an, Albert.

ALBERT Nein? Aber glücklicherweise ich. Denn wenn es keines von uns erheiternd fände, könnten wir in einen ziemlich ernsthaften Streit darüber geraten. Aber nun – da nur du es bist, die es nicht lustig findet – wird der Streit nicht so ernst sein.

DIE QUEEN Albert, was hast du gemacht, nachdem ich dir befohlen hatte, zu kommen? Wo warst du die Nacht über?

ALBERT Auf Windsor, wie ich dir sagte.

DIE QUEEN Das glaube ich nicht!

ALBERT Nicht?

(Ruhig kehrt er zurück zu seinen Briefen.)

DIE QUEEN Albert, ich will nicht so behandelt werden! Bitte denk daran, dass ich, obwohl ich deine Frau bin, auch deine Königin bin.

ALBERT *(freundlich)* Setz dich, mein Liebes, setz dich! Es gibt nichts um deswegen aufzubegehren. Letzte Nacht gab es das, so musste ich. Aber jetzt bin ich bereit, hier zu sitzen und darüber zu reden, ganz vernünftig und gemütlich, nur du und ich, Weibchen – die Königin lassen wir weg... Bitte! *(Mit einer Geste bringt er sie zum Sitzen.)* Hör mir zu, mein Liebes. Als du mich geheiratet hast, gabst du ein Versprechen, das für eine Königin selt-

but you made it... To love, honour, and obey. And because it was so strange – so unlikely – I have never once told you to obey me – except for fun, when you wished it. Now, my Dear, as I have not expected *you* to obey *me* in anything – so there are some things in which you must not expect *me* to obey *you*.

THE QUEEN When you do things for me in public – officially, that is to say – then I do expect you to obey me.

ALBERT When I do things for you in public, my Dear, I obey you by doing them. But you must trust me to do them in my own way –

THE QUEEN No, Albert.

ALBERT – not to interfere with me, while I am doing them, as you did last night. That is why, when I started back – after having received your "orders" – I told the Coachman to drive – not to Buckingham Palace, but to Windsor.

THE QUEEN The Coachman! You told him that! What must he have thought?

ALBERT I will tell you what he thought... At first he thought it was very strange. But when we got to Windsor, he thought that he knew the reason.

THE QUEEN Why, only then?

ALBERT It was rather late: almost half past one. But when we got there, there were lights, and music, and dancing.

THE QUEEN Music! ... Dancing! ... In the Castle?

ALBERT In the Castle... Behind our backs – so sure that we should be away – the servants were having a fancy-dress ball.

THE QUEEN *(her anger quite diverted)* What an improper liberty! Most extraordinary! And how fortunate that you should have caught them!

sam zu geben war, aber du gabst es... zu lieben, zu eh-
ren und gehorchen. Und weil es so seltsam war – so unwahrscheinlich – habe ich das noch nie von dir verlangt,
außer im Scherz, wenn du es wolltest. Nun mein Liebes,
da ich nicht erwartet habe, dass *du mir* in irgendetwas
gehorchtest – so gibt es einiges, bei dem du nicht von
mir erwarten darfst, dass *ich dir* gehorche.

DIE QUEEN Wenn du für mich etwas in der Öffentlichkeit
tust – offiziell sozusagen –, dann erwarte ich, dass du
mir gehorchst.

ALBERT Wenn ich für dich etwas öffentlich tue, mein Liebes,
dann gehorche ich dir, indem ich es tue. Aber du musst
mir zutrauen, dass ich es auf meine eigene Weise tue...

DIE QUEEN Nein, Albert.

ALBERT ...und dich nicht einmischen, während ich etwas
tue. Das hast du heute nacht getan. Deshalb sagte ich dem
Kutscher, als ich aufbrach – nachdem ich deine « Befehle »
erhalten hatte –, er solle nicht zum Buckingham Palast
fahren, sondern nach Windsor.

DIE QUEEN Der Kutscher! Das hast du ihm gesagt! Was
muss er gedacht haben?

ALBERT Ich will dir sagen, was er dachte... Erst dachte er,
es sei sehr seltsam. Aber als wir nach Windsor kamen,
glaubte er den Grund zu wissen.

DIE QUEEN Warum gerade da?

ALBERT Es war ziemlich spät, schon fast halb zwei. Aber
als wir hinkamen, da waren dort Lichter und Musik und
Tanz.

DIE QUEEN Musik?... Tanz?... Im Schloss?

ALBERT Im Schloss... Hinter unserem Rücken. Im sicheren
Gefühl, dass wir weg wären, hatte die Dienerschaft einen
Kostümball.

DIE QUEEN *(nun in ganz anderer Richtung ärgerlich)* Was
für eine unanständige Freiheit! Sehr außergewöhnlich!
Welches Glück, dass du sie erwischt hast!

ALBERT Yes; a curious coincidence, was it not? So, of course, the Coachman thought that I had got wind of the affair, and had come there to catch them at it.

THE QUEEN Where were they dancing, Albert?

ALBERT In the great Hall.

THE QUEEN And in fancy – dress, you say?

ALBERT Yes. Two of them had dressed up to look like you and me.

THE QUEEN Albert! Did you see who they were?

ALBERT No. They ran too quick! I went in, and stood... They were all very much surprised to see me.

THE QUEEN Indeed, I should think so! ... What happened then?

ALBERT First, the dancing all stopped; then all the music... I stood there and looked at them. It was very funny: I tried not to laugh.

THE QUEEN I hope you did not, Albert!

ALBERT No; I composed myself to look as though I was very angry.

THE QUEEN I hope you did. And then, what did you do?

ALBERT I told them that they might go on for just five minutes more; but that it was not to happen again.

THE QUEEN No, indeed?

ALBERT And it will not, I am sure.

THE QUEEN Did you get any explanation, as to why they had *dared* to do such a thing?

ALBERT Oh yes; it was explained. You see, they were to have had a ball soon after Christmas; but on the very date the Court had to go into mourning; so it was put off, and forgotten. And as they had got all the dresses, they were naturally disappointed.

ALBERT Ja; und was für ein merkwürdiges Zusammentreffen, nicht wahr? Also dachte der Kutscher natürlich, dass ich Wind von der Sache bekommen hätte und gekommen sei, um sie zu ertappen.

DIE QUEEN Wo haben sie getanzt, Albert?

ALBERT Im großen Saal.

DIE QUEEN Und in Kostümen, sagst du?

ALBERT Ja. Zwei von ihnen hatten sich als du und ich verkleidet.

DIE QUEEN Albert! Hast du sie erkannt?

ALBERT Nein. Sie rannten zu schnell! Ich ging hinein und stand einfach da... Sie waren alle sehr überrascht, mich zu sehen.

DIE QUEEN Wirklich, das kann ich mir denken! ... Was geschah dann?

ALBERT Erst hörte das Tanzen auf, dann die Musik... Ich stand da und sah sie an. Es war sehr komisch: Ich versuchte, nicht zu lachen.

DIE QUEEN Ich hoffe, du hast nicht gelacht, Albert!

ALBERT Nein. Ich fasste mich und machte ein Gesicht, als wäre ich sehr ärgerlich.

DIE QUEEN Das hoffe ich. Und dann, was tatest du?

ALBERT Ich ersuchte sie, nur noch fünf Minuten weiterzumachen; aber dazu kam es nicht mehr.

DIE QUEEN Nein, wirklich!

ALBERT Und es wird auch nicht mehr geschehen, da bin ich sicher.

DIE QUEEN Hast du irgendeine Erklärung bekommen, warum sie überhaupt so etwas gewagt haben?

ALBERT Oh ja, es wurde mit erklärt. Siehst du, sie hatten vorgehabt, bald nach Weihnachten einen Ball zu veranstalten; aber genau zu diesem Zeitpunkt musste der Hof Trauer tragen; so wurde der Ball verschoben und vergessen. Und da sie schon alle die Kostüme hatten, waren sie natürlich enttäuscht.

THE QUEEN But, Albert, that such a thing *could* happen without our knowing – well, it means that such a lot of other things may be happening too.

ALBERT Yes; I am afraid so... I think, my Dear, that you had better make me your Manager of Windsor – factotum, you call it? They will not like it, because I have too much of a head for business; but it will be good for them. And for you, a great saving of unnecessary expense.

THE QUEEN Yes; and if I do it at once, everybody will understand *why*.

ALBERT It was a good thing, Vicky, was it not, that I was brought up rather poor?

THE QUEEN So was I.

ALBERT Yes? But you had not to manage much for yourself, had you? What for are you smiling at?

THE QUEEN The Coachman, Albert! It *was* funny! I'm so glad you went; for now they will all be thinking how clever it was of you to find out! And what a good lesson it was for them, to be sure!

ALBERT Yes, my Dear, a good lesson... But Weibchen, you have not kissed me "Good Morning" yet... Please!

(And he says it so simply and sweetly, that, quite forgetting now what she first came about, she kisses him with true wifely affection, very fondly and contentedly.)

DIE QUEEN Aber Albert, dass so etwas ohne unser Wissen geschehen konnte – gut, das bedeutet, dass eine Menge anderer Dinge auch passieren können.

ALBERT Ja, ich fürchte es... Ich denke, mein Liebes, du solltest mich lieber zum Verwalter von Windsor machen – ihr nennt es Faktotum? Sie werden es nicht mögen, weil ich zu viel Geschäftssinn habe, aber es wird gut für sie sein. Und für dich eine große Ersparnis unnötiger Kosten.

DIE QUEEN Ja. Und wenn ich es sofort mache, wird jedermann verstehen, *warum.*

ALBERT Es war gut, nicht wahr, Vicky, dass ich ziemlich arm aufgezogen wurde.

DIE QUEEN Ich auch.

ALBERT Ja? Aber du musstest nicht viel selber verwalten, oder? Worüber lächelst du?

DIE QUEEN Der Kutscher, Albert! Das war wirklich spaßig! Ich bin so froh, dass du hingegangen bist; denn nun werden alle denken, wie klug es von dir war, das herauszubringen! Und welch gute Lehre es für sie war, ganz sicher!

ALBERT Ja mein Liebes, eine gute Lehre... Aber Weibchen, du hast mir noch keinen Guten-Morgen-Kuss gegeben... Bitte!

(Er sagt das so einfach und lieb, dass sie, nun ganz vergessend, weshalb sie zuerst gekommen war, ihn mit wahrer weiblicher Zuneigung küsst, sehr zärtlich und zufrieden.)

Not too fast

It is not the first time that HER MAJESTY *has travelled by rail; but the novelty and wonder of it have not yet worn off; and though she has now become accustomed to the short journey from Windsor to London taking only half an hour, this is her first long journey northward; and the speed at which she is now being carried is greater than any she has experienced before. The compartment in which she and* PRINCE ALBERT *are travelling (as thickly padded from floor to ceiling as the cell of a lunatic asylum), gives a feeling of safety against accident; in the centre is a door opening into a further compartment. The richly draped windows of plate-glass afford a free view of the passing landscape, the arm-chairs are deep and comfortable; in each window stands a small table domestically provided with books and flowers. As the fields fly by,* THE QUEEN *gazes out at them with happy astonishment, turning her head quickly this way and that.* PRINCE ALBERT *is trying to read a newspaper; but he, too, is attracted by the moving landscape, though less excited about it.*

VICTORIA How the fields are running away, Albert!

ALBERT *(glancing up from his paper)* Yes, my dear, it does look so.

VICTORIA And how frightened the cows are!

ALBERT Yes; they run faster than the fields do; but they will get used to it.

VICTORIA So shall we – some day, I suppose. But at present all seems just like a dream!

ALBERT A very material sort of dream, Weibchen; dreams don't generally make quite such a noise, or shake one about so much, or make so much smoke.

Nicht zu schnell

Es ist nicht das erste Mal, dass IHRE MAJESTÄT *mit der Eisenbahn fährt. Aber die Neuheit und das Wunderbare daran ist noch nicht abgenutzt. Und während sie sich inzwischen an die kurze Reise von Windsor nach London gewöhnt hat, die nur eine halbe Stunde dauert, ist dies ihre erste lange Reise nordwärts; und die Geschwindigkeit, mit der sie nun fortgetragen wird, ist größer als alles, was sie bisher erlebt hat. Das Abteil, in dem sie und* PRINZ ALBERT *reisen (so dick gepolstert vom Boden bis zur Decke wie die Zelle einer Irrenanstalt), gibt ein Gefühl, der Sicherheit gegen Unfall. In der Mitte öffnet sich eine Tür in ein weiteres Abteil. Die reich drapierten Fenster aus Spiegelglas gewähren einen freien Blick auf die vorüberziehende Landschaft, die Armsessel sind tief und bequem; vor jedem Fenster steht ein Tischchen, wohnlich versehen mit Büchern und Blumen.* DIE QUEEN *beobachtet mit frohem Erstaunen, wie die Felder vorbeifliegen, und dreht den Kopf schnell hin und her.* PRINZ ALBERT *versucht, die Zeitung zu lesen, aber auch er wird angezogen von der bewegten Landschaft, wenngleich er dabei weniger aufgeregt ist.*

VICTORIA Wie die Felder wegrennen, Albert!

ALBERT *(von seiner Zeitung aufblickend)* Ja, mein Liebes, es sieht so aus.

VICTORIA Und wie die Kühe erschrecken!

ALBERT Ja, sie rennen schneller als die Felder; aber sie werden sich daran gewöhnen.

VICTORIA Wir auch – eines Tages, nehme ich an. Aber im Augenblick scheint alles wie ein Traum!

ALBERT Eine sehr handfeste Art Traum, Weibchen: im allgemeinen machen Träume nicht ganz solchen Lärm oder schütteln einen so sehr oder machen so viel Rauch.

VICTORIA No, I wish the smoke could be got rid of; that is a great drawback. And sometimes the shaking is quite violent – as it was just then. Why is that, Albert?

ALBERT That, my dear, is when the train is going over what are called the "points".

VICTORIA The points?

ALBERT Where the line is joined to other lines that go in her direction. When the locomotive has to pass from one to another, that is what gives it the jerk that you noticed.

VICTORIA You seem to know all about it, Albert.

ALBERT Oh, yes: I know a good deal. I have already studied it, because railways are going to be very important things. They will make a great difference to the whole world – not only for people travelling.

VICTORIA In what way, Albert?

ALBERT The more quickly you can take things, and the longer distance they can go, the more trade there will be. Everything that people want will come to them sooner and more cheaply. Till now it has taken two weeks for coal to come to London from the North: soon it will take only a day.

VICTORIA How wonderful! Then now even very poor people will be able to get as much coal as they want quite cheaply.

ALBERT We will hope so. And then, for everyone, so much more work. There will no longer be need for anyone to be unemployed.

VICTORIA Oh, Albert! to think that all this is going to happen in *My* reign!

ALBERT Yes, my dear, if it comes quick enough, and if you live long enough, there can be no doubt.

VICTORIA Das stimmt; ich wollte, man könnte den Rauch los werden; das ist ein großer Nachteil. Und manchmal ist das Schütteln recht gewaltsam – wie gerade eben. Warum ist das so, Albert?

ALBERT Das, mein Liebes, geschieht, wenn der Zug über so genannte Weichen fährt.

VICTORIA Weichen?

ALBERT Wenn das Geleise mit einem anderen zusammengefuhrt wird, das in eine andere Richtung geht. Wenn die Lokomotive von einem Geleise auf das andere wechseln muss, ist das der Ruck, den du bemerkt hast.

VICTORIA Du scheinst alles darüber zu wissen, Albert.

ALBERT Oh ja, ich weiß da einigermaßen Bescheid. Ich habe es geradezu studiert, weil Eisenbahnen drauf und dran sind, etwas sehr Wichtiges zu werden. Sie werden die ganze Welt sehr verändern – nicht nur für reisende Leute.

VICTORIA In welcher Weise, Albert?

ALBERT Je schneller man Sachen bringen kann und je größere Entfernungen sie zurücklegen können, desto mehr Handel wird es geben. Alles, was die Leute möchten, wird schneller und billiger zu ihnen kommen. Bisher hat es zwei Wochen gedauert, bis Kohle aus dem Norden nach London kam; bald wird es nur einen Tag brauchen.

VICTORIA Wie wunderbar! Dann werden jetzt sogar sehr arme Leute so viel Kohle, wie sie brauchen, ganz billig kriegen können.

ALBERT Wir wollen es hoffen. Und dann, für jedermann viel mehr Arbeit. Da braucht niemand mehr unbeschäftigt sein.

VICTORIA Oh Albert! Zu denken, dass das alles in Meiner Regierung geschehen wird!

ALBERT Ja, mein Liebes, wenn es schnell genug kommt und du lange genug lebst, kann daran kein Zweifel sein.

VICTORIA If *you* think so, Albert dearest, then I am
sure it will come true. And look! how happy even
now everybody seems to be – quite poor people too –
as if they already knew what the railways are going
to do for them. Ever since we got out into the country, I have seen little groups of them standing and
waving as the train passed.

ALBERT But of course; because this is the Royal train,
my dear; and they know that you are in it.

VICTORIA Oh? Then I suppose I ought to look out and
bow.

ALBERT No, no! The train goes too quick for that to
be necessary. They would not have time to see.

VICTORIA But I see *them*.

ALBERT Ah, that is quite different; because they are
standing still.

(In the short pause that follows, ALBERT *gets back
to his papers, but* THE QUEEN *does not let him alone,
for long.)*

VICTORIA Why does the train keep whistling, Albert?
Does it mean danger?

ALBERT Not for us, my dear; only for other people.
When we come to a level-crossing the conductor
whistles, to tell them to get out of the way.

VICTORIA Oh, I see. And are there many level-crossings?

ALBERT Oh, yes, there are level-crossings almost eve-
rywhere.

VICTORIA And at all the level-crossings are people in
danger?

ALBERT Not if they pay attention to the whistle.

VICTORIA But *deaf* people, Albert.

ALBERT Well, they can *see*. They must get accustomed
to it like the cows.

VICTORIA I'm afraid *I* am like the cows, Albert. It all

VICTORIA Wenn *du* das meinst, Albert, Liebster, dann bin ich sicher, dass es so kommen wird. Und schau! Wie froh sogar jetzt schon jeder zu sein scheint – auch ganz arme Leute – als wenn sie schon wüssten, was die Eisenbahnen einmal für sie tun werden. Die ganze Zeit, die wir nun hinaus ins Land fahren, habe ich sie in kleinen Gruppen stehen und winken sehen, als der Zug vorüber fuhr.

ALBERT Aber natürlich, weil es der Königliche Zug ist, Liebe, und sie wissen, dass du darin bist.

VICTORIA Oh! dann sollte ich vielleicht hinausschauen und mich verbeugen.

ALBERT Nein, nein! Der Zug fährt zu schnell dafür, es ist nicht nötig. Sie würden keine Zeit haben, es zu sehen.

VICTORIA Aber ich sehe *sie*.

ALBERT Ah, das ist etwas ganz anderes, denn sie stehen still.

(In der kurzen Pause, die nun folgt, wendet ALBERT *sich wieder seinen Zeitungen zu, aber* DIE QUEEN *lässt ihn nicht lange in Ruhe.)*

VICTORIA Warum pfeift der Zug dauernd, Albert? Bedeutet das Gefahr?

ALBERT Nicht für uns, mein Liebes, nur für andere Leute. Wenn wir an einen Bahnübergang kommen, pfeift der Zugführer, um ihnen zu bedeuten, sie sollen aus dem Weg gehen.

VICTORIA Ich verstehe. Gibt es viele Bahnübergänge?

ALBERT Oh ja, Bahnübergänge sind beinahe überall.

VICTORIA Und bei allen Bahnübergängen sind Leute in Gefahr?

ALBERT Nicht, wenn sie auf das Pfeifen achtgeben.

VICTORIA Aber taube Leute, Albert?

ALBERT Nun, sie können sehen. Sie müssen sich nur daran gewöhnen wie die Kühe.

VICTORIA Ich fürchte, ich bin wie die Kühe, Albert. Es

still rather frightens me. Aren't we going much too fast? Surely we must now be going thirty miles an hour at least.

ALBERT No, no, my dear. That would not be possible; twenty-five, perhaps. That is all that it is ever likely to be.

VICTORIA But we are going much faster now than when we started.

ALBERT Because we are no longer on the level; we are going down an incline.

VICTORIA You mean a hill?

ALBERT No; not a hill, only an incline.

VICTORIA But an incline may be just as steep and dangerous as a hill, may it not?

ALBERT No, my dear; there are no steep hills on railways; either they go round them, or they, go through them or they take parts of them down.

VICTORIA Take them down? How is that possible?

ALBERT That I shall explain. They make what they call cuttings and embankments. What they take out of a cutting at the top they put on to the embankment at the bottom; so that the hills are then no longer steep.

VICTORIA How very interesting; and how clearly you explain everything. But I don't like tunnels, Albert. Shall we have to go through one to-day?

ALBERT Only a short one, my dear.

VICTORIA I wish we had not got to. Tunnels frighten me.

ALBERT There will be a light. See, it is all ready, waiting.

VICTORIA Oh, I'm not afraid of the *dark*: only of what would happen if the tunnel were to fall in.

ängstigt mich ziemlich, das alles. Fahren wir nicht viel zu schnell? Sicher fahren wir nun dreißig Meilen die Stunde, mindestens.

ALBERT Nein, nein, mein Liebes, das wäre nicht möglich; fünfundzwanzig vielleicht. Das ist alles, was jemals erreicht wird, wahrscheinlich.

VICTORIA Aber wir fahren jetzt viel schneller als vorhin, als wir losfuhren.

ALBERT Weil wir nicht mehr auf der gleichen Höhe sind; es geht jetzt abwärts.

VICTORIA Du meinst einen Berg?

ALBERT Nein, nicht einen Berg, nur eine schiefe Ebene.

VICTORIA Aber eine schiefe Ebene kann genau so steil und gefährlich sein wie ein Berg, oder nicht?

ALBERT Nein, mein Liebes, es gibt keine steilen Berge an Eisenbahnstrecken; entweder gehen die Züge drum herum, oder sie fahren durch die Berge durch, oder Teile von denen werden abgetragen.

VICTORIA Abgetragen? Wie ist das möglich?

ALBERT Das will ich dir erklären. Sie machen sogenannte Durchstiche und Dämme. Was sie oben bei einem Durchstich herausnehmen, das tun sie beim Damm unten hin, so dass die Steigungen nicht mehr so steil sind.

VICTORIA Das ist hochinteressant; und wie deutlich du alles erklärst. Aber ich mag Tunnels nicht, Albert. Müssen wir heute durch eines durch?

ALBERT Nur ganz kurz, Liebe.

VICTORIA Ich wollte, wir müssten es nicht. Tunnels erschrecken mich.

ALBERT Da wird es ein Licht geben. Schau, es ist alles fertig und bereit.

VICTORIA Ich fürchte mich nicht vor der Dunkelheit; nur davor, was geschehen könnte, wenn der Tunnel einstürzen würde.

ALBERT It is built so that it shall not do so, my dear. You must remember that we are at the beginning of a great age of invention; and tunnels are one of them.

VICTORIA Do you think that people will ever be able to fly?

ALBERT Oh, yes; they will fly by steam some day, I have no doubt. There are balloons already; and with steering-gear, and a light steam-engine attached, it should not be difficult.

VICTORIA And up in the air, with nothing whatever to stop them, they would be able to go very fast, I suppose? Faster – even twice as fast as a train, perhaps?

ALBERT No doubt in time a machine could be made that would do so. But the human body could not stand it. To go through the air at more than sixty miles an hour would cause a man's brain to have vertigo.

VICTORIA I feel that might happen to me, if I were to put my head out of the window now.

ALBERT No; but it would certainly blow off your bonnet. And that would never do... There is a picture, Vicky, at the Royal Academy this year by the artist that is named Turner, which you must see.

VICTORIA Turner? Oh, but I never like *his* pictures! They are so strange and unlike anything. Isn't he just a little mad?

ALBERT No, my dear, not mad; only peculiar.

VICTORIA I wonder how he ever got into the Academy at all; his pictures are so unfinished and untidy.

ALBERT Yes; but they are sometimes very beautiful in their colour. But this picture I do not

ALBERT Er ist so gebaut, dass er nicht einstürzen wird, mein Liebes. Du musst bedenken, dass wir am Beginn eines großen Zeitalters der Erfindungen stehen, Tunnels sind eine davon.

VICTORIA Glaubst du, dass die Menschen jemals fliegen können?

ALBERT Oh ja. Sie werden eines Tages mit Dampf fliegen, da habe ich keinen Zweifel. Es gibt schon Ballone; und mit Steuergetriebe und einer leichten Dampfmaschine ausgestattet, sollte es nicht schwierig sein.

VICTORIA Und oben in der Luft, mit nichts, was immer sie aufhalten möchte, könnten sie sehr schnell sein, nehme ich an. Schneller, sogar zweimal so schnell wie eine Bahn vielleicht.

ALBERT Ohne Zweifel könnte eines Tages eine Maschine gemacht werden, die dazu im Stande wäre. Aber der menschliche Körper könnte es nicht aushalten. Durch die Luft zu fliegen mit mehr als sechzig Meilen die Stunde, würde im Gehirn eines Menschen Schwindel auslösen.

VICTORIA Ich fühle, das würde mir passieren, wenn ich meinen Kopf jetzt zum Fenster hinaushielte.

ALBERT Nein, aber es würde sicher deinen Hut wegblasen. Und das ginge ja nicht... Es gibt ein Bild, Vicky, an der Royal Academy dies Jahr, von einem Künstler namens Turner, das musst du sehen.

VICTORIA Turner? Dessen Bilder mag ich gar nicht! Sie sind so seltsam und allem unähnlich. Ist er nicht ein bisschen verrückt?

ALBERT Nein, Liebe, nicht verrückt, nur eigenartig.

VICTORIA Ich möchte wissen, wie er überhaupt je in die Academy hineingeraten ist; seine Bilder sind so unfertig und unordentlich.

ALBERT Ja, aber manchmal sind sie sehr schön in ihrer Farbe. Aber ich möchte gar nicht, dass du dies Bild

want you to see because of its beauty, but for its subject. It is a picture – "Rain, Steam and Speed" he calls it – of a train going over a bridge, with a hare running as fast as it can in front of it.

VICTORIA Oh? So the poor creature is going to be run over, I suppose?

ALBERT Oh, no; the hare can run faster: it is only frightened. It was for a very clever reason that he put in the hare, because it is only by the hare running that the speed of the train can be indicated.

VICTORIA Well, when we come back to London you must take me to see it, Albert... But what are we stopping for?

ALBERT It is here that we change engines. Also I have a little surprise for you.

VICTORIA A surprise?

(He gets up and rings a bell. Immediate an ATTENDANT *enters.)*

ALBERT Will you say that Her Majesty is now ready to be served. And will you also send word to the engine-conductor that I wish to speak to him.

(The ATTENDANT *bows and withdraws.)*

Yes, my dear; you are going to do something that you have never done before. You are going to lunch on the train. I have had a special menu prepared. Here it is.

(He takes up the menu from the table beside him, and hands it across to her)

VICTORIA How very thoughtful of you, Albert. It looks a very nice one.

ALBERT Yes: We have brought it with us from London.

VICTORIA *(suddenly laughing as she looks down the menu)* Oh, Albert! "Railway Pudding": how funny!

wegen seiner Schönheit siehst, sondern wegen seines Gegenstandes. Es ist ein Bild – «Regen, Dampf und Geschwindigkeit» nennt er es – wo ein Zug über eine Brücke fährt, und ein Hase rennt, so schnell er kann, vor ihm her.

VICTORIA Oh, so wird das arme Geschöpf wohl überfahren werden, vermute ich.

ALBERT Oh nein; der Hase kann schneller laufen, er ist nur erschreckt. Es war aus sehr klugem Grund, dass er den Hasen hereingenommen hat, weil nur durch den rennenden Hasen auf die Geschwindigkeit des Zuges hingewiesen werden kann.

VICTORIA Gut, wenn wir nach London zurückkommen, musst du mich mitnehmen, es zu sehen, Albert… Aber warum halten wir?

ALBERT Hier werden die Lokomotiven gewechselt. Ich habe auch eine Überraschung für dich.

VICTORIA Eine Überraschung?

(Er steht auf und läutet. Sofort tritt ein BEDIENSTETER *ein.)*

ALBERT Bitte sagen Sie, dass Ihre Majestät bereit ist, serviert zu bekommen. Und wollen Sie auch dem Zugführer Bescheid geben, dass ich ihn sprechen möchte.
(Der BEDIENSTETE *verbeugt sich und zieht sich zurück.)*
Ja, Liebe, du wirst jetzt dann gleich etwas tun, was du noch nie getan hast. Du wirst jetzt gleich im Zug speisen. Ich habe ein ganz besonderes Menu vorbereitet. Hier ist es.
(Er nimmt die Speisekarte vom Tisch neben ihm und reicht sie ihr hinüber.)

VICTORIA Wirklich sehr aufmerksam von dir, Albert. Die Karte sieht sehr hübsch aus.

ALBERT Ja, wir haben sie von London mitgebracht.

VICTORIA *(plötzlich lachend, als sie das Menu überfliegt)* Oh Albert! «Eisenbahn-Pudding», wie lustig.

ALBERT Yes: I thought that would please you. It has
been made and named for the occasion. I hope
it is going to be nice.

VICTORIA If It is, I shall take two helpings, for I
really am quite hungry.

(The ATTENDANT *returns.)*

ATTENDANT May it please your Royal Highness, the
engine-conductor is here.

ALBERT Oh, yes: let him come.

(The ATTENDANT *steps back, and makes a motion;
a very smartly-dressed* ENGINE-DRIVER *comes into
view: cap in hand, he halts on the threshold and
makes a bow to each.)*

ALBERT Ah! There he is. Thank you, Mr Conductor:
you did that very well. But another time – *not so
fast.*

ENGINE-DRIVER I do beg to assure your Royal Highness, it was quite safe.

ALBERT Oh, yes; quite safe, I have no doubt. But, for
Her Majesty, just a little frightening.

ENGINE-DRIVER I'm sorry, your Majesty.

ALBERT Yes. You must give us a little more time to
get used to it. Thank you. Good morning.

(The ENGINE-DRIVER *makes his two bows and
retires.)*

VICTORIA Albert, dearest, you ought not to have said
that !

ALBERT What, my dear?

VICTORIA That the *Queen was frightened.* No one
ought to be allowed to think that. And I never am –
not really.

ALBERT No? Then, dear one, I will tell you that I myself was a little frightened – at first.

*(The door opens, displaying in the farther compart-
ment a table laid for the Royal luncheon.)*

ALBERT Ja, ich dachte, es würde dir Spaß machen. Er wurde für diese Gelegenheit erdacht und benannt. Ich hoffe, er schmeckt gut.

VICTORIA Wenn er gut ist, werde ich zwei Portionen nehmen, denn ich bin ziemlich hungrig.

(Der BEDIENSTETE *kommt zurück.)*

BEDIENSTETER Wenn es Ihnen angenehm ist, Eure Königliche Hoheit: Der Zugführer ist hier.

ALBERT Ja, lassen Sie ihn kommen.

(Der BEDIENSTETE *tritt zurück und macht eine Bewegung; ein sehr schmuck gekleideter* LOKOMOTIVFÜHRER *kommt ins Blickfeld: mit der Mütze in der Hand steht er an der Schwelle und verbeugt sich vor jedem der beiden.)*

ALBERT Ah, da ist er. Danke, Herr Schaffner; Sie haben es sehr gut gemacht. Aber nächstes Mal – bitte nicht so schnell.

LOKOMOTIVFÜHRER Ich bitte, Eurer Königlichen Hoheit versichern zu dürfen: es war ganz ungefährlich.

ALBERT Oh ja, ganz ungefährlich, ich zweifle nicht daran. Aber für Ihre Majestät doch ein wenig beängstigend.

LOKOMOTIVFÜHRER Das tut mir leid, Eure Majestät.

ALBERT Ja, Sie müssen uns ein wenig mehr Zeit geben, uns daran zu gewöhnen. Danke Ihnen. Guten Morgen.

(Der LOKOMOTIVFÜHRER *macht seine zwei Verbeugungen und geht.)*

VICTORIA Albert, Liebster, das hättest du nicht sagen sollen!

ALBERT Was, mein Liebes?

VICTORIA Dass die Königin ängstlich war. Niemand soll so etwas denken dürfen. Und ich bin es nie – nicht wirklich.

ALBERT Nein? Dann, Liebe, will ich dir sagen, dass ich selber etwas geängstigt war – anfangs.

(Die Tür geht auf und gibt den Blick frei ins nächste Abteil, auf einen Tisch, der für das königliche Mahl gedeckt ist.)

ATTENDANT Your Majesty is served.

ALBERT Come, my dear. The Railway Pudding is waiting for us. And if we do not go quick, it may run
away.

*(Pleased with this little joke, they go in laughing to
the luncheon which is awaiting them.)*

BEDIENSTETER Eure Majestät, es ist aufgetragen.

ALBERT Komm, mein Liebes. Der Eisenbahnpudding wartet auf uns. Wenn wir nicht schnell gehen, rennt er vielleicht davon.

(Erfreut von diesem kleinen Scherz gehen sie lachend hinein zum Mittagessen, das sie erwartet.)

Aims and Objects 1849

In his private apartment at Buckingham Palace,
PRINCE ALBERT *sits writing; his back is to the door.*
THE QUEEN *enters, and moving softly across the
room, stands behind him. Very fondly she feasts her
eyes on the top of his head, which is growing pre-
maturely bald. He continues to write, unconscious
of her presence.*

THE QUEEN Albert, leave off writing! I want to talk to
you.

ALBERT *(laying down his pen)* Yes, Weibchen; what is it?

THE QUEEN Albert... You *do* love me, don't you?

ALBERT My Dear, have you any doubt?

THE QUEEN No; but say it!

ALBERT *(kindly, but without fervour)* I love you.

THE QUEEN Say it again, *and* again!

ALBERT Certainly, my Dear, if you wish... I love you...
I love you... I love you... Isn't that enough?

THE QUEEN I was waiting to see how long you would
be able to go on.

ALBERT Saying what is so unnecessary?

THE QUEEN Not unnecessary to me, Albert. For I shall
never be quite sure that it will always be so.

ALBERT Why not?

THE QUEEN Because you are so much above me – in
everything but rank. And *that* I am not allowed to
alter. Every time I speak about making you King
Consort, my Ministers won't hear of it.

ALBERT Does it matter?

THE QUEEN You know it matters, Albert. It means that
to them you are still only just a foreign Prince, who
has come to marry me, and give me children.

ALBERT We must be patient, my Dear.

Ziele und Zwecke

In seinen privaten Gemächern im Buckingham Palast sitzt PRINZ ALBERT *und schreibt, mit dem Rücken zur Tür.* DIE QUEEN *tritt ein, sie bewegt sich sanft durch den Raum und steht nun hinter ihm. Sehr liebevoll weidet sie ihre Augen an seinem Oberkopf, der vorzeitig kahl zu werden beginnt.* PRINZ ALBERT *fährt fort zu schreiben, ihrer Gegenwart unbewusst.*

DIE QUEEN Albert, lass das Schreiben! Ich möchte mit dir reden.

ALBERT *(legt die Feder nieder.)* Ja, Weibchen, was ist?

DIE QUEEN Albert, du liebst mich doch, nicht wahr?

ALBERT Mein Liebes, hast du irgendeinen Zweifel?

DIE QUEEN Nein, aber sag es.

ALBERT *(freundlich, aber ohne Inbrunst)* Ich liebe dich.

DIE QUEEN Sag es nochmal, und nochmal!

ALBERT Sicher, Liebe; wenn du möchtest… Ich liebe dich… ich liebe dich… ich liebe dich… ist das nicht genug?

DIE QUEEN Ich wollte abwarten, wie lange du das weitermachen könntest.

ALBERT Etwas sagen, das so unnötig ist.

DIE QUEEN Nicht unnötig für mich, Albert. Denn ich werde nie ganz sicher sein, dass es immer so bleibt.

ALBERT Warum nicht?

DIE QUEEN Weil du so hoch über mir stehst – in allem, außer im Rang. Und genau das darf ich nicht ändern. Immer wenn ich davon rede, dich zum König-Gemahl zu machen, wollen meine Minister nichts davon wissen.

ALBERT Kommt es denn darauf an?

DIE QUEEN Du weißt, es kommt darauf an. Es bedeutet, dass du für sie immer noch ein fremder Prinz bist, gekommen, mich zu heiraten und mir zu Kindern zu verhelfen.

ALBERT Wir müssen geduldig sein, mein Liebes.

THE QUEEN Patient! Have we not been patient for ten years? I am sick of being patient! I would like to go and tell them that, if they do not make you Prince, or King Consort, I shall resign! ... That would make them do it, Albert!

ALBERT Yes, Frauchen, perhaps. But you must not do it.

THE QUEEN Why not, when I love you so much; when you are everything to me, and so much wiser, that I know it is really you that ought to be King?

ALBERT Because, Dearest, when I came here – when I accepted what you offered me – you were not able to offer me *that*: and I knew it. What they do not want now, I knew that they would never want. I accepted – not only the greatness of the honour, but its limitations. Therefore, Dearest – that is why.

THE QUEEN But, Albert, so much has happened since then. My children are your children; some day Bertie will be King. How *can* they still go on thinking of you as a foreigner, after all that?

ALBERT But they will, Weibchen; and nothing that we can do will change them – nothing!

THE QUEEN And yet, Albert, now that you are always with me when I see my Ministers – advising, directing, deciding; they must know that it is your reign as much as mine. Yet still they will not let you even be Prince Consort – only Prince Albert! And you – you seem not to mind!

ALBERT Now that surprises me. Have I acted my part so well? I suppose I ought to be glad.

THE QUEEN You *do* mind?

ALBERT I mind very much. I have your love, your trust; but here I am still in exile: and shall be – to the day of my death.

DIE QUEEN Geduldig! Sind wir nicht zehn Jahre geduldig
gewesen? Ich habe es satt, geduldig zu sein! Ich möchte
gehen und ihnen das sagen; wenn sie dich nicht zum
Prinz- oder König-Gemahl machen, werde ich zurücktre-
ten! ... Das wird sie dazu bringen, es zu tun, Albert!

ALBERT Ja, Frauchen, vielleicht. Aber du darfst es nicht machen.

DIE QUEEN Warum nicht, wenn ich dich so sehr liebe, wenn
du für mich alles bist und so viel gescheiter, dass ich
weiß, es bist wirklich du, der König sein sollte.

ALBERT Weil, Liebste, als ich hierher kam – als ich gelten
ließ, was du mir anbotest, und du mir das nicht anbie-
ten konntest – und ich wusste es. Wenn sie es jetzt
nicht wollen, weiß ich, dass sie es nie wollen werden.
Ich habe zugestimmt – nicht nur der Größe der Ehre,
auch ihren Begrenzungen. Deshalb, Liebste –
darum.

DIE QUEEN Aber, Albert, seither ist so viel geschehen. Meine Kinder sind deine Kinder; eines Tages wird Bertie
König sein. Wie können sie dann weiter denken, dass du
ein Fremder bist, nach alledem?

ALBERT Sie werden weiter so denken, Weibchen; nichts,
was wir tun können, wird sie ändern – nichts!

DIE QUEEN Und doch, Albert, nun wo du immer dabei bist,
wenn ich meine Minister sehe – ratend, wegweisend,
entscheidend – müssen sie wissen, dass es deine Regierung ist so gut wie meine. Und doch wollen sie dich nicht
einmal Prinz-Gemehl sein lassen – nur Prinz Albert!
Und du – es scheint dir nichts auszumachen!

ALBERT Nun, das überrascht mich. Habe ich meine Rolle so
gut gespielt? Ich meine, ich sollte froh sein.

DIE QUEEN Es macht dir etwas aus?

ALBERT Ja, sehr viel. Ich habe deine Liebe, dein Vertrauen;
aber ich bin hier immer noch im Exil – und werde es sein
bis zum Tag meines Todes.

THE QUEEN Oh, don't say it, Dearest: don't say it! You mustn't die – before I do.

ALBERT But I shall, Weibchen: only – not yet. And listen! Here is something that shall a little console you. When that happens, they will no longer have to be suspicious, or afraid of me. They will not trouble to think of me as a foreigner when I am dead. Only till then... But no, no, you must not look so sad! Here is something more practical and important, which concerns us now. I have some plans to show you. See!
(He takes up, and spreads out for inspection, some large sheets of paper.)

THE QUEEN What are these, Albert?

ALBERT The designs for the building of the Great Exhibition, which the Royal Commission has accepted – if you agree. Mr Joseph Paxton, the architect, has had a wonderful idea for it – quite new. It is to be all of glass.

THE QUEEN Of glass, Albert? But won't it break?

ALBERT Not if it is put into a frame – a metal frame, like a window. But this will be *all* window: not a solid wall anywhere. Look well at it; for this, perhaps, is what modern architecture is going to be.

THE QUEEN Oh, how beautiful, and how wonderful! All glass! How it will light up when the sun shines on it.

ALBERT Yes... If all goes well it may become the symbol of your reign, my Dear; and of England leading the World to peace.

THE QUEEN And when it does, then it will be your doing, Albert. *(Then, as she examines the design)* Oh yes; I am beginning to see it now; it will be far more beautiful than St. Paul's Cathedral, I'm sure

DIE QUEEN Oh sag das nicht, Liebster, sag das nicht! Du
darfst nicht sterben – vor mir.

ALBERT Aber ich werde es, Weibchen. Nur – nicht jetzt.
Und höre! Es gibt etwas, das dich ein wenig trösten
wird. Wenn es geschieht, werden sie nicht mehr miss-
trauisch sein müssen oder mich fürchten. Sie werden
sich nicht mehr beunruhigen und mich für einen Fremden halten, wenn ich tot bin. Nur bis dahin… Aber
nein, nein, du darfst nicht so traurig dreinschauen! Es
gibt einiges Praktischere und Wichtigere, das uns jetzt
angeht. Ich habe dir einige Pläne zu zeigen. Schau her.
*(Er nimmt einige große Bogen Papier auf und breitet
sie zur Prüfung aus.)*

DIE QUEEN Was ist das, Albert?

ALBERT Die Entwürfe für den Bau der Großen Ausstellung, die die Königliche Kommission angenommen hat
– wenn du zustimmst. Mr Joseph Paxton, der Archi-
tekt, hat eine wunderbare Idee dafür – ganz neu. Es
soll alles aus Glas sein.

DIE QUEEN Aus Glas, Albert? Wird es denn nicht brechen?

ALBERT Nicht, wenn es in einen Rahmen gefasst ist –
einen Metallrahmen, wie ein Fenster. Aber dieser Bau
wird aus lauter Fenstern bestehen: nirgendwo eine
feste Mauer. Schau es dir gut an, denn dies ist es,
vielleicht, was moderne Architektur zu werden ver-
spricht.

DIE QUEEN Oh wie schön, wie wunderbar! Alles aus Glas!
Wie es glänzen wird, wenn die Sonne darauf scheint!

ALBERT Ja… Wenn alles gut geht, kann es das Symbol
deiner Regierung werden, Liebe; und dafür, dass England die Welt zum Frieden führt.

DIE QUEEN Wenn es das tut, dann wird es dein Werk sein,
Albert. *(Dann, als sie den Entwurf prüft)* Oh ja, ich
fange jetzt an, es zu sehen. Es wird viel schöner als
die St. Pauls Kathedrale, ich bin sicher – weil Glas so

– glass being so much more beautiful than stone. And so original!

ALBERT Yes; and so suitable for the purpose. That is what makes it so beautiful. And it will not take so long to build, either.

THE QUEEN Where is it going to be?

ALBERT In Hyde Park, if you will agree. To be in a Royal Park, it must first have your permission. You approve?

THE QUEEN Of course! I think it is going to be the most wonderful building in the world: yes, and the most beautiful. And the Exhibition itself will be one of the most wonderful things in History; and the invention and planning of it all yours! I have always wanted this Country to be as great in the Arts as in Industry and Commerce; and now it is going to – thanks to you! Oh, if only my People could know what you are doing for them, how happy we should be!

ALBERT We will still be as happy as we can, Weibchen; and perhaps some day more shall come of it. And, talking about Art, my Dear, is it not time that you gave Mr Edwin Landseer some kind of a title?

THE QUEEN *(doubtfully)* A title?

ALBERT Yes. He is a great painter – especially of dogs, which you are so fond of. And now that he has also done his great picture of the Duke's visit last year to the Field of Waterloo, would it not be well to make him a Baronet, or a Knight?

THE QUEEN Oh, not a Baronet, Albert! that would be too much. Mr Landseer is not a man of any Family; he only comes from the people.

ALBERT Well, make him a Knight, then.

THE QUEEN I don't want to do anything unusual, Albert. Titles mustn't be made too cheap. Till now it

unendlich viel schöner ist als Stein. Und etwas ganz Neues.

ALBERT Ja; und passend für den Zweck. Das ist es, was es so schön macht. Und es wird auch nicht so eine lange Bauzeit brauchen.

DIE QUEEN Wo soll es stehen?

ALBERT Im Hyde Park, wenn du zustimmst. Wenn es in einem königlichen Park sein soll, muss es erst deine Erlaubnis haben. Du genehmigst es?

DIE QUEEN Natürlich! Ich denke, es wird der wunderbarste Bau der Welt werden. Ja, und der schönste. Und die Ausstellung selbst wird eines der herrlichsten Ereignisse der Geschichte sein. Und die Erfindung und Planung ist ganz die deine. Ich habe immer gewollt, dass dieses Land so großartig in den Künsten sein soll wie in Industrie und Handel, und nun wird es so, dank dir! Oh, wenn meine Leute nur wissen könnten, was du für sie tust, wie glücklich könnten wir sein.

ALBERT Wir wollen so glücklich sein, wie wir können, Weibchen; und vielleicht kommt eines Tages mehr davon. Aber nun, da wir gerade über Kunst reden, Liebe: wäre es nicht an der Zeit, Mr Edwin Landseer irgendeinen Titel zu geben?

DIE QUEEN *(zweifelnd)* Einen Titel?

ALBERT Ja. Er ist ein großer Maler – besonders für Hunde, die du so liebst. Und nun, da er auch ein großartiges Bild gemalt hat, vom Besuch des Herzogs letztes Jahr auf dem Schlachtfeld von Waterloo – wäre es da nicht gut, ihn zum Baron oder Ritter zu machen?

DIE QUEEN Oh, nicht zum Baron, Albert. Das wäre zu viel. Mr Landseer ist kein Mann von Familie, er kommt nur aus dem Volk.

ALBERT Gut, dann ernenne ihn zum Ritter.

DIE QUEEN Ich möchte nicht etwas Unübliches tun, Albert. Titel dürfen nicht zu wohlfeil werden. Bis jetzt haben nur

is only Presidents of the Academy, or Painters by Royal Appointment, who have received titles; and I don't think Mr Landseer will ever be President. Mr Eastlake, I am told, is almost certain to be the next.

ALBERT But Mr Landseer is quite as great an artist, my Dear, as any who have previously received titles. Sir Thomas Lawrence himself was the only son of a village innkeeper. So don't you think that you might?

THE QUEEN Why, yes; that does make a difference, of course; other artists of less merit having received the same honour.

ALBERT Then, do you not think, my Dear, that we might, at the same time, buy one of his pictures?

THE QUEEN Oh yes; but not a large one; for I do not think we could find room for it.

ALBERT I think room could be found. And there was one at the Academy this year, which I remember you liked. May I buy it for you?

THE QUEEN Yes, Albert, if you liked it also. But remember, when we do a painter the great honour of buying one of his pictures, we only pay a certain price for it – thirty pounds, I think. But General Grey is sure to know; he will tell you. Yes, I am almost sure that it is thirty pounds.

ALBERT Ah! a very good arrangement. Had I known that before, I might by now have made quite a collection for you of other artists – of Academicians, I mean.

THE QUEEN No Albert dear, we mustn't make ourselves cheap; that would never do! You see, it is such an advantage to an artist to have a commission from *Us*. When we sat to Winterhalter, it got him quite a lot of other commissions. He stayed in England more than a year.

Präsidenten der Akademie oder Maler durch Königliche Ernennung solche Titel erhalten, und ich denke nicht, dass Mr Landseer je Präsident sein wird. Mr Eastlake, ist mir gesagt worden, wird ziemlich sicher der nächste werden.

ALBERT Aber Mr Landseer ist ein ebenso großer Künstler, Liebe, wie alle, die früher Titel erhalten haben. Sogar Sir Thomas Lawrence war der einzige Sohn eines dörflichen Gastwirts. Denkst du nicht, dass du es könntest?

DIE QUEEN Nun ja; das stimmt natürlich schon – andere Künstler mit weniger Verdienst haben dieselbe Ehre empfangen.

ALBERT Und meinst du nicht, Liebe, dass wir zum gleichen Zeitpunkt eines seiner Bilder kaufen könnten?

DIE QUEEN Oh ja, nur kein großes, weil ich nicht glaube, dass wir Platz dafür haben.

ALBERT Ich denke, Platz könnte gefunden werden. Da war dieses Jahr eines in der Akademie, das du mochtest, wie ich mich erinnere. Darf ich es für dich kaufen?

DIE QUEEN Ja, Albert, wenn es dir auch gefallen hat. Aber denk daran, dass wir, wenn wir einem Maler die große Ehre erweisen, eines seiner Bilder zu kaufen, nur einen gewissen Preis dafür zahlen wollen – dreißig Pfund, denke ich. General Grey weiß es sicher; er wird es uns sagen. Ja, ich bin beinahe sicher, dass es dreißig Pfund sind.

ALBERT Ah! Eine sehr gute Abmachung. Hätte ich das vorher gewusst, hätte ich eine ganze Sammlung für dich zusammenstellen können – von anderen Künstlern, von Akademie-Mitgliedern meine ich.

DIE QUEEN Nein, Albert, Lieber, wir dürfen uns nicht unter Preis verkaufen, das ginge nicht. Siehst du, es ist so ein Vorteil für einen Künstler, wenn es einen Auftrag von Uns hat. Als wir bei Winterhalter kauften, brachte es ihm eine Menge anderer Aufträge ein. Er blieb mehr als ein Jahr in England.

ALBERT Ah, very satisfactory – very improving to the English taste!

THE QUEEN So I don't think we ought to buy from more than one artist at a time. One in four or five years is quite enough, I think; except, of course, when we have to sit for our portraits. But Mr Landseer is certainly my favourite painter – his subjects so appeal to me.

ALBERT Yes; What a pity we cannot sit to him as a family group of his favourite species – "Queenie, Prince, and their six puppies."

THE QUEEN *(rather shocked)* Oh, Albert dear!

ALBERT I was only laughing, my Love. But, speaking of the family reminds me that I have something now much more serious to talk about. Our son, Bertie, is now eight years old.

THE QUEEN Oh, not yet, Darling!

ALBERT He will be in November; and it is quite time for his real education to begin. As some day he will have to be King, we must no longer think of him as a child.

THE QUEEN Isn't it too soon – too early?

ALBERT Had you not to be Queen rather sooner than you might have wished, my Dear? But for it you had been trained. We must not be afraid to face the fact that it might happen to him also. So for that we must be prepared.

THE QUEEN Oh yes; of course you are right, Albert; for he has not yet learned nearly as much as I had done when I was his age.

ALBERT So have I found out. We must make a change; he must not have a Governess any more – he must have Tutors. He must learn history, and languages, and how to write and spell correctly in all of them; also about poli-

ALBERT Ah, sehr befriedigend – und sehr den englischen Geschmack verbessernd!

DIE QUEEN So denke ich, wir sollten nicht zum gleichen Zeitpunkt von mehr als einem Künstler kaufen. Einer in vier oder fünf Jahren ist völlig genug, meine ich; außer, natürlich, wenn wir für unsere Porträts sitzen müssen. Aber Mr Landseer ist sicher mein Lieblingsmaler – seine Gegenstände ziehen mich so an.

ALBERT Ja, wie schade, dass wir ihm nicht als Familiengruppe sitzen können in seiner bevorzugten Gattung – Queenie, Prinz und ihre sechs Welpen.

DIE QUEEN *(ziemlich geschockt)* Oh Albert, Liebster!

ALBERT Ich habe nur Spaß gemacht, Geliebte. Aber das Reden über die Familie erinnert mich, dass ich noch etwas viel Ernsthafteres zu besprechen habe. Unser Sohn Bertie ist nun acht Jahre alt.

DIE QUEEN Oh, noch nicht, Liebling!

ALBERT Er wird's im November; und es ist an der Zeit, mit seiner richtigen Bildung anzufangen. Eines Tages wird er König sein müssen, wir dürfen ihn nicht länger als Kind ansehen.

DIE QUEEN Ist es nicht zu bald – zu früh?

ALBERT Musstest du nicht viel früher Königin sein, als du es gewünscht hast, Liebe? Aber du warst dafür eingeübt. Wir dürfen uns nicht scheuen, der Tatsache ins Auge zu sehen, dass es ihm ebenso gehen könnte. So müssen wir darauf vorbereitet sein.

DIE QUEEN Oh ja; natürlich hast du recht, Albert; er hat noch nicht annähernd so viel gelernt wie ich in seinem Alter.

ALBERT Eben das habe ich mir klargemacht. Wir müssen etwas ändern. Er darf nicht länger eine Erzieherin haben – er muss Hauslehrer bekommen. Er muss Geschichte lernen und Sprachen und wie man korrekt in ihnen allen schreibt und formuliert; auch einiges an Politik und

tics, and the making of the English Laws and Constitution.

THE QUEEN Yes, of course, that is most important.

ALBERT So I have, this week, been drawing up a scheme – a schedule – of the work he must do. To begin with – till he is ten – his lessons will be only six hours a day; when he is ten they must be eight.

THE QUEEN How many Tutors ought he to have, do you think, Albert?

ALBERT He must have an English Tutor, of course, so as not to have a foreign accent; also a French and a German master – three times a week each. He must learn also to dance well, and to draw just a little; and every day he must drill, and he must ride. Also he must be taught the art of conversation. His manners he will get, let us hope, from us. I do not think he need have a Chaplain yet – perhaps not till he is twelve; but he must have religious instruction every day. You see, my Dear, we have to make him a really good man, with a taste for serious things – what your English Kings have so seldom been. The only one in the last five reigns who was good at all, went mad. It was a pity. Your Uncle George was not at all what he ought to have been – not at all!

THE QUEEN Poor Uncle George! I can just remember him picking me up and kissing me; and I noticed how fat he was, and how he smelt of brandy. But he was quite nice and kind to me; so please don't say anything against him now he is dead.

ALBERT No; for it is not necessary. But I am glad, my Dear, that you did not wish to have any of your children named after *him*.

THE QUEEN But George is a very popular English

wie die englischen Gesetze zustande kommen und die Verfassung.

DIE QUEEN Ja natürlich, das ist höchst wichtig.

ALBERT So habe ich diese Woche einen Plan entworfen – ein Verzeichnis – von der Arbeit, die er tun muss: Am Anfang, bis er zehn ist, wird er nur sechs Stunden täglich haben, wenn er zehn ist, müssen es acht sein.

DIE QUEEN Wie viele Lehrer sollte er haben, denkst du, Albert?

ALBERT Er muss einen Englisch-Lehrer haben, natürlich, damit er keinen fremden Akzent bekommt; ebenso einen Französisch- und einen Deutsch-Lehrer, jeden dreimal die Woche. Er muss auch ordentlich tanzen und ein wenig zeichnen lernen; und jeden Tag muss er turnen und er muss reiten. Auch muss er die Kunst der Konversation beigebracht bekommen. Seine Manieren wird er, wollen wir hoffen, von uns übernehmen. Einen Kaplan braucht er noch nicht – vielleicht erst, wenn er zwölf ist, aber religiöse Unterweisung muss er jeden Tag haben. Siehst du, mein Liebes, wir müssen ihn zu einem wirklich guten Menschen machen, mit Geschmack für ernsthafte Dinge – was eure englischen Könige so selten gewesen sind. Der einzige in den letzten fünf Regierungen, der überhaupt gut war, wurde verrückt. Es war ein Jammer. Dein Onkel George war ganz und gar nicht, was er hätte sein sollen – ganz und gar nicht.

DIE QUEEN Der arme Onkel George! Ich kann mich nur erinnern, dass er mich aufgehoben und geküsst hat; und ich merkte, wie fett er war und wie er nach Alkohol roch. Aber er war recht nett und freundlich zu mir; also sag bitte nichts gegen ihn, nun wo er tot ist.

ALBERT Nein, es ist ja nicht nötig. Aber ich bin froh, Liebe, dass du keins von deinen Kindern nach ihm genannt haben wolltest.

DIE QUEEN Aber George ist ein sehr populärer englischer

name, Albert – St. George being our Patron Saint: you mustn't forget that.

ALBERT No; and some day perhaps – with our grandchildren – it will be safe for the name to be used again. But not yet. It will not be the name of the next King, at any rate.

THE QUEEN No; that will be "Albert Edward."

ALBERT Why not Edward the Seventh?

THE QUEEN Because, Albert, I intend that my People shall some day recognise what they owe to *you*; and *that* will do it.

ALBERT Then why not Albert alone?

THE QUEEN Oh no, Dearest; that I could never allow! If he could be called "Albert the Second" – yes! But Albert alone – just as if no other Albert had come first – would be an act of disrespect to you, not to be thought of!

ALBERT Perhaps it is a matter we shall not be allowed to decide, Weibchen.

THE QUEEN But I mean to! Oh, Albert, I do wish Bertie had Vicky's brains! She is going to be so clever; and I'm afraid he is *not* going to be.

ALBERT We must make his brain to grow like his body. It can be done; it is only a matter of proper education. That is why I have already drawn up this scheme, so as to begin in good time.

THE QUEEN *(who is now standing by the window)* Look, Albert! There he is, in the garden, playing with Vicky. How prettily he moves; and how fond they are of each other! Look!
(She turns towards THE PRINCE, *who now also looks out.)*
(Suddenly he taps angrily on the glass, then opens the window, and calls.)

ALBERT Ah! Do not do that! Come in here, Bertie, at once!

THE QUEEN What did he do?

Name, Albert – St. George ist doch unser Schutzheiliger, das darfst du nicht vergessen.

ALBERT Nein; und eines Tages vielleicht – bei unseren Enkelkindern – wird der Name sicher wieder auftauchen. Aber nicht jetzt. Jedenfalls wird es nicht der Name des nächsten Königs sein.

DIE QUEEN Nein, der wird sein « Albert Eduard ».

ALBERT Warum nicht « Eduard der Siebte »?

DIE QUEEN Weil ich will, Albert, dass mein Volk eines Tages erkennen soll, was es dir schuldet; und *das* wird es bewirken.

ALBERT Warum dann nicht « Albert » allein?

DIE QUEEN Oh nein, Liebster, das könnte ich nie erlauben! Wenn er genannt werden könnte « Albert der Zweite » – ja! Aber « Albert » allein – gerade als wenn kein anderer Albert zuvor gekommen wäre – wäre ein Akt der Respektlosigkeit dir gegenüber, nicht auszudenken.

ALBERT Vielleicht ist es eine Sache, die wir nicht werden allein entscheiden dürfen, Weibchen.

DIE QUEEN Aber ich will es! Oh Albert, ich wünschte, dass Bertie Vickys Gehirn hätte! Sie wird so klug, und ich fürchte, dass er es nicht sein wird.

ALBERT Wir müssen bewirken, dass sein Gehirn so wächst wie sein Körper. Das kann geschehen; Es ist nur eine Sache der richtigen Ausbildung. Darum habe ich diesen Plan entworfen: damit wir rechtzeitig beginnen können.

DIE QUEEN *(die nun am Fenster steht)* Schau Albert! Da ist er im Garten und spielt mit Vicky. Wie hübsch er sich bewegt, und wie sie sich gegenseitig mögen! Schau!
(Sie wendet sich zum PRINZEN, *der nun auch hinausschaut.)*
(Plötzlich klopft er ärgerlich an die Scheibe, dann öffnet er das Fenster und ruft.)

ALBERT Ah! Tu das nicht! Komm rein, Bertie, sofort!

DIE QUEEN Was hat er getan?

ALBERT What he must be taught not to do. You did not see?

THE QUEEN No.

ALBERT Ah, it is quite time that we began to give him a real education, and a real training in how to behave. He must learn discipline.

(The door opens. Very timidly, fearful of the scolding which awaits him, the little PRINCE OF WALES *creeps into the room, and stands holding the door.)*

ALBERT Come in! Come in! What were you doing?

THE PRINCE Only playing, Papa.

ALBERT Playing! I saw you throw a handful of gravel at your Sister.

PRINCE Only for fun. She didn't mind.

ALBERT You are not to do it! If the gravel had gone into her eye, it would have blinded her.

PRINCE *(his voice breaking)* I didn't throw it at her face, Papa!

ALBERT It might have hit her face.

PRINCE *(weeping)* But it didn't!

ALBERT Don't answer! Go up to your room!

(The culprit retires weeping.)

ALBERT *(loudly)* And shut the door after you!

(The door is shut.)

THE QUEEN I'm afraid he's going to be difficult, Albert.

ALBERT Children always are difficult, till you make them understand what you mean them to be, and whom they have to obey... Patience, my Dear, patience! It will take time; and it will not always be easy, or pleasant. But it has to be done.

(And on these excellent intentions the curtain falls.)

ALBERT Was er lernen muss, nicht zu tun. Du hast es nicht gesehn?

DIE QUEEN Nein.

ALBERT Ah, es ist gerade die rechte Zeit, mit einer richtigen Erziehung anzufangen und mit einer wirklichen Einübung von Benehmen. Er muss Disziplin lernen.

(Die Tür geht auf. Sehr ängstlich und furchtsam vor der Schelte, die ihn erwartet, schleicht der kleine PRINZ OF WALES *ins Zimmer und hält sich an der Tür fest.)*

ALBERT Komm rein! Komm rein! Was hast du getan?

DER PRINZ Nur gespielt, Papa.

ALBERT Gespielt! Ich hab gesehn, wie du eine Hand voll Kies auf deine Schwester geworfen hast.

PRINZ Nur zum Spaß. Es hat ihr nichts ausgemacht.

ALBERT Du sollst das nicht tun. Wenn der Kies ihr ins Auge gegangen wäre, hätte sie blind werden können.

PRINZ *(mi brechender Stimme)* Ich hab ihr nicht ins Gesicht geworfen, Papa!

ALBERT Es hätte aber Ihr Gesicht treffen können.

PRINZ *(weinend)* Aber es hat's nicht getan!

ALBERT Widersprich nicht! Geh hinauf in dein Zimmer!

(Der Missetäter zieht sich weinend zurück.)

ALBERT *(laut)* Und mach die Tür hinter dir zu!

(Die Tür wird geschlossen.)

DIE QUEEN Ich fürchte, er wird schwierig, Albert.

ALBERT Kinder sind immer schwierig, bis du sie dazu bringst, zu verstehen, wie sie nach deiner Meinung sein sollen, und wem sie gehorchen sollen... Geduld, mein Liebes, Geduld! Es wird Zeit brauchen und es wird nicht immer leicht sein oder vergnüglich, aber es muss getan werden.

(Bei diesen ausgezeichneten Absichten fällt der Vorhang.)

English History has to its credit two Queens of great reputation – so great that each in turn gave her name to the age in which she lived. But there can be no doubt to-day which of the two mattered most to the life of the Nation, moulding it positively to her will in ways which, amid constant threat of danger, she knew to be wise. Elizabeth, more than anyone else during her reign, saved England. Even the defects and tortuosities of her character had their political value; for had she been more direct and forthright in her decisions, she might greatly have failed; and so uniquely indispensable was she during the most crucial period of her reign, that her downfall would, in all likelihood, have involved also the downfall of the Nation.

Can it be claimed for Queen Victoria that she, to any comparable extent, – moulded history? In any positive sense, certainly not; but negatively she had a power, and a 'way with her,' the formidable weight of which has become more apparent since she resumed at Frogmore, under an effigy set back to date, association with that part and partnership of her reign to which she more naturally belonged.

As successive volumes of her letters and diaries are made public, with a frankness hitherto unexampled in the official editing of Royal remains, it

Aus dem Vorwort des Autors (1934)

Die englische Geschichte hat zwei Königinnen von großem
Ansehen aufzuweisen – so großem, dass die eine wie die
andere dem Zeitalter, in dem sie lebte, ihren Namen gegeben hat. Freilich kann heute kein Zweifel bestehen, welche
der beiden das meiste zum Leben der Nation beitrug. Elizabeth hat sie ihrem Willen gefügig gemacht, auf eine Art
und Weise, die sie, unter ständiger Bedrohung, für richtig
erkannt hatte. Sie hat England gerettet, mehr als irgend-
jemand sonst in ihrer Regierungszeit. Selbst die Mängel
und Krümmungen ihres Charakters waren von politischem
Wert. Wäre sie nämlich eindeutiger und gradliniger in
ihren Entscheidungen gewesen, hätte sie große Fehler machen können. In der entscheidenden Phase ihrer Herrschaft
war sie so absolut unersetzbar, dass ihr Untergang höchst-
wahrscheinlich den Untergang der Nation zur Folge gehabt
hätte.

   Kann man für die Königin Victoria in Anspruch nehmen,
dass sie in vergleichbarem Maße Geschichte gestaltet hat?
Aktiv hat sie das gewiss nicht getan, aber passiv: Sie hatte
eine Autorität und Ausstrahlung, deren ungeheures Ge-
wicht deutlicher erkennbar geworden ist, seit sie in Frogmore unter einem Bildnis aus ihren frühen Jahren wieder
mit derjenigen Zeitspanne und Partnerschaft ihres König-
tums Verbindung aufgenommen hat, zu der sie eigentlich
gehörte.

   Als nach und nach Bücher mit ihren Briefen und Tage-
büchern erschienen, dank einer bisher (1934) beispiellosen
Freizügigkeit bei Veröffentlichungen aus Nachlässen des

becomes more and more evident that she was the mourning widow, not only of a beloved and worthy Consort, but of a whole set of cherished notions, which in the 'sixties and 'seventies were already moribund, and are now finally dead and disposed of. Some of them may have been quite good notions in their day: but the moving spirit of the age decided against them; and the mind of Victoria was sedentary, and did not move. In the last two-thirds of her long reign, no reform of major importance was proposed, or carried by her Ministers, which did not rouse her suspicion or her hostility; and when the measure embodying those reforms became the subject of long and acrimonious debate, and of successive general elections, the Queen, behind the scenes, was putting her spoke into the wheel, hampering their advocates by her steady disapproval, and favouring their opponents. Her resistance to Gladstone's Home Rule policy took shady forms; and her favour of his Conservative opponents was so notorious that, when the result of the Election of 1895 became known, she received the effusive congratulations of her grandson, the Kaiser – an impropriety which she did not resent as much as her admirers might now wish.

My own memory of Victoria's reign does not go back farther than to the time when, emerging from the strict retirement which, in the 'sixties and early 'seventies, had threatened her popularity, she became the figure-head, or symbol, of that spectacular Imperialism which, with the Congress of Berlin and the Occupation of Egypt as its stepping-stones, culminated in the Boer War. But her attainment of that eminence was

Königshauses, wird es mehr und mehr offenkundig, dass sie eine trauernde Witwe war – nicht nur eines geliebten und würdigen Gatten, sondern einer ganzen Reihe von Lieblingsansichten, die bereits in den sechziger und siebziger Jahren des 19. Jahrhunderts überlebt waren und heute endgültig tot und erledigt sind. Einige von ihnen mögen damals recht gute Ansichten gewesen sein. Aber der in Bewegung befindliche Zeitgeist hat gegen sie entschieden. Der Geist Victorias war beharrend, nicht beweglich. In den letzten zwei Dritteln ihrer langen Regierungszeit wurde keine einigermaßen bedeutende Reform von ihren Ministern angeregt oder in Gang gesetzt, die nicht Victorias Argwohn oder Feindseligkeit geweckt hätte. Und wenn eine Maßnahme, die solche Reformen enthielt, zum Gegenstand langen und heftigen Streites und wiederholter Abstimmungen wurde, kam die Königin hinter den Kulissen dem laufenden Geschehen in die Quere, indem sie die Befürworter der Reform durch ständige Missbilligung belästigte und ihre Widersacher begünstigte. Ihr Widerstand gegen Gladstones Home-Rule-Politik nahm üble Formen an. Und ihre Bevorzugung seiner konservativen Gegner war so offenkundig, dass Victoria, als das Wahlergebnis von 1895 bekannt wurde, von ihrem Enkel, dem Deutschen Kaiser, überschwengliche Glückwünsche erhielt – welche Ungehörigkeit sie nicht so klar zurückwies, wie ihre Bewunderer es heute gern möchten.

Meine eigene Erinnerung an die Epoche Victorias reicht nicht weiter zurück als bis in die Zeit, als sie aus der strikten Zurückhaltung, die in den sechziger und frühen siebziger Jahren ihre Volkstümlichkeit bedroht hatte, auftauchte und zur Haupt- oder Symbolgestalt des dramatisch erfolgreichen Imperialismus wurde, der über die Zwischenstufen Berliner Kongress und Besetzung Ägyptens im Burenkrieg gipfelte. Die Erlangung solcher Bedeutsamkeit war nicht die Folge eigenen Tuns. Nicht Victoria ergriff

not due to any initiative of her own. It was not she who 'took occasion by the hand' – occasion took hers, and pushed her into a position which satisfied, more than it had ever been satisfied before, her sense of what Monarchy should look like. The rising religion of Nationalism required a tutelary deity to crown its edifice; and the Queen, from the commanding position she already occupied, passed upwards by easy stages; and – the date falling fortunately during a period of national prosperity – in the year of her first Jubilee she became sacred. (...)

Queen Victoria, in her capacity of a reigning sovereign, lived too long; but until recent years it would have been blasphemy to say so. And yet, though she outstayed posterity's welcome from the political point of view, from the human she remains extraordinarily interesting and attractive; and her encumbering prejudices matter so little to-day that one can afford to enjoy them and see, through their intellectual limitations, what a remarkable and forceful character she was up to the last. Fuller knowledge, though it has destroyed a legendary figure, has given us a far more interesting personality. In the thirty-three years which have passed since her death, she has become a much more real character than the one which was fictiously made known during her lifetime; and it is her own diary, with its accompaniment of letters and memoranda, which (like the diary of Pepys) has made the portrait so life-like. (...)

But though a wise liberality over documents, dealing whith the official side of her reign, has allowed her real character to become public property, her personality is still reckoned too sacred for the Censor to allow of its stage-representation. And since the theatre is denied to them, I have, in the writing of these

eine Gelegenheit beim Schopf, sondern die Gelegenheit ergriff den ihren und schob sie in eine Rolle, die – mehr als das je zuvor der Fall gewesen war – ihre Vorstellung davon, wie Monarchie auszusehen habe, befriedigte. Die aufkommende Religion des Nationalismus verlangte nach einer Schutzgottheit als Krönung ihres Gebäudes. Die Queen stieg, von der Ebene der Herrscherin aus, die sie bereits einnahm, mühelos stufenweise höher. Und da das Datum glücklich in eine Zeitspanne nationalen Wohlergehens fiel, wurde Victoria im Jahr ihres ersten Jubiläums (1888) vergöttlicht. (...)

Die Königin Victoria hat, für eine regierende Herrscherin, zu lang gelebt. (Bis vor wenigen Jahren wäre es ruchlos gewesen, so etwas zu sagen.) Aber wenn sie auch in politischer Hinsicht das Wohlwollen der Nachwelt überstrapaziert hat, – menschlich gesehen bleibt sie ungemein interessant und ansprechend. Ihre einengenden Vorurteile tun heute nichts mehr zur Sache. Wir können uns erlauben, Spaß daran zu haben, und sehen durch alle Beschränktheiten hindurch, was für eine bemerkenswerte Persönlichkeit Victoria bis zuletzt war. Bessere Kenntnis hat zwar ein Heiligenbild zerstört, uns dafür aber eine bei weitem interessantere Gestalt beschert. In den dreiunddreißig Jahren, die seit ihrem Tod vergangen sind, ist sie ein viel wirklicherer Charakter geworden, als der zu ihren Lebzeiten zurecht-stilisierte gewesen war. Was ihr Bild so lebendig gemacht hat, ist (ähnlich wie bei Samuel Pepys) das eigene Tagebuch nebst den beigegebenen Briefen und Notizen. (...)

Eine weise Freiheitlichkeit gegenüber Dokumenten, die das öffentliche Geschehen von Victorias Regierungszeit betreffen, hat nun zwar ermöglicht, dass der wirkliche Charakter der Königin Allgemeingut geworden ist; aber ihr persönliches Leben hält der Censor noch (1934) für zu heilig für eine Schaustellung. Da das Theater meinen

plays, constructed the dialogue rather more on literary than on theatrical lines. I have also, for the most part, drawn my material from side-incidents, which have not as yet found their way into history. But it will be well for readers not to assume too hastily that certain things, which seem rather unlikely, did not actually occur. 'Morning Glory' was a true incident, and took place on the date named. (...)

Stücken nicht zugänglich ist, habe ich, als ich sie schrieb, den Dialog mehr für die Lektüre als für die Bühne gestaltet. Übrigens habe ich mein Material meist aus nebensächlichen Ereignissen genommen, die bisher nicht den Weg in die Geschichtsbücher gefunden haben. Die Leser tun gut daran, nicht zu rasch zu meinen, dass bestimmte Vorfälle, die ein wenig unwahrscheinlich klingen, nicht tatsächlich geschehen sind. «Morning Glory» hat echt stattgefunden, und zwar am besagten Tag. (...)

Laurence Housman hat gelebt von 1865 bis 1959. Er hat die vorliegenden und eine große Zahl weiterer Dialogszenen in zwei Bänden veröffentlicht, 1934 und 1937(?), unter dem Titel Victoria Regina. Nach den derzeitigen internationalen Vereinbarungen ist das Werk des Autors bis 2029 urheberrechtlich geschützt.

Es ist uns nicht gelungen, den Rechte-Inhaber ausfindig zu machen. Weder der Verlag, in dem 1961 die letzte auf dem Markt befindliche Ausgabe erschienen ist, noch die von uns befragten Agenturen und Institutionen konnten uns einen Hinweis geben. Merkwürdig ist, dass die uns zugänglich gewesenen Ausgaben keinen Copyright-Vermerk enthalten.

Der Deutsche Taschenbuch Verlag ist für Informationen dankbar, die dazu führen, dass die Rechtsnachfolger des Autors das branchenüblich zurückgestellte Honorar erhalten können.